Das Buch

Thorsten Benkel und Matthias Meitzler haben über 500 Friedhöfe im deutschsprachigen Raum besucht – und die beiden Soziologen staunen noch immer über ergreifende, humorvolle, überraschende und rätselhafte Gräber und Inschriften. Die eindrucksvollsten von nahezu 30.000 Fotos präsentieren sie in diesem Buch. Sie zeigen, wie Menschen mit dem Verlust umgehen (»Lach doch mal«), wie Beziehungsverhältnisse reflektiert werden (»Mit dir zu leben war nicht leicht, doch ohne dich ist's noch viel schwerer«), was den Verstorbenen wichtig war (»Nicht das Licht auslöschen«), wie ihre Hobbys ihr Lebensende prägten (»Dein letztes Match hast du verloren«), welche Charakterzüge sie hatten (»Es Lebbe geht weiter«) und welche Verdienste ihnen zugeschrieben werden (»Er war guter Eltern Sohn«). Und wer würde mit Skiern, Raumschiffen, Skateboards, Handys, Panzern, Aschenbechern, Computermäusen und Comicfiguren als Grabsteinmotive rechnen?
Benkel und Meitzler zeigen: Der »Totenacker« ist von der Individualisierung eingeholt worden. Manche Lebensbilanz fällt ernüchternd aus (»Alles Scheiße«), manche ist ironisch (»Nur tiefergelegt«), mancher Nachruf bringt den Betrachter ins Grübeln (»Der Tag ist gerettet«), und auch die Gewissheit, dass es kein Wiedersehen gibt (»Das war alles«), ist kein seltenes Bekenntnis mehr. Was aber will die Grabinschrift »Lasst uns die nächste Revolution in einem August beginnen« besagen?

Der Spiegel über die Feldforschung der Autoren: »Der Friedhof von heute hat etwas von Facebook; der Grabstein als letztes Profil, für Jahrzehnte in Stein gemeißelt.«

Die Autoren

Thorsten Benkel, Dr. phil., geboren in Kaiserslautern, lehrt Soziologie an der Universität Passau. Er studierte Soziologie, Philosophie, Psychologie und Literaturwissenschaft, seine Arbeitsschwerpunkte liegen im Bereich Sexualität, Recht und empirische Sozialforschung. Er ist Autor und Herausgeber mehrerer Bücher, darunter »Soziale Welt und Fiktionalität«, »Das Frankfurter Bahnhofsviertel« und »Soziale Dimensionen der Sexualität«.
Matthias Meitzler, M.A., geboren in Groß-Umstadt, arbeitet als Soziologe an der Universität Duisburg-Essen. Seine Studienfächer waren Soziologie, Psychologie, Psychoanalyse, Ethnologie und Geschichte. Er publiziert regelmäßig im wissenschaftlichen Kontext, zuletzt zu den Themen Tod, Sexualität und abweichendes Verhalten.
Ihre wissenschaftlichen Forschungsprojekte führten sie u. a. in Gerichtssäle, Gefängnisse und ins Rotlichtmilieu, und aktuell sind sie überall dort unterwegs, wo die Gesellschaft der Sterblichkeit begegnet. Kontakt zu den Autoren erhalten Sie unter: friedhofssoziologie@live.de und www.friedhofssoziologie.de.

Thorsten Benkel
Matthias Meitzler
*GESTATTEN SIE,
DASS ICH
LIEGEN BLEIBE*

Ungewöhnliche
Grabsteine –
Eine Reise über die
Friedhöfe von heute

Kiepenheuer & Witsch

Verlag Kiepenheuer & Witsch, FSC®-N001512

4. Auflage 2015

© 2014 by Thorsten Benkel und Matthias Meitzler
© 2014 by Verlag Kiepenheuer & Witsch, Köln

Alle Rechte vorbehalten. Kein Teil des Werkes darf in irgendeiner Form (durch Fotografie, Mikrofilm oder ein anderes Verfahren) ohne schriftliche Genehmigung des Verlages reproduziert oder unter Verwendung elektronischer Systeme verarbeitet, vervielfältigt oder verbreitet werden.
Umschlaggestaltung: Barbara Thoben, Köln
Umschlagmotiv: © Cpro – Fotolia.com; doris-oberfrank-list – Fotolia.com; Ruth Black/CanstockPhoto
Gesetzt aus der Goudy
Satz: Felder KölnBerlin
Druck und Bindearbeiten: CPI books GmbH, Leck
ISBN 978-3-462-04608-3

Inhalt

»Geht nicht gibt's nicht«
  Einleitung 7

1 »Lach doch mal«
  Der Humor lebt weiter 15

2 »Er war ein Vollblutkomödiant«
  Berufe und Berufungen 21

3 »Die Berge rufen mich«
  Kleine Fluchten aus dem Alltag 31

4 »Hi Leute, ich lebe noch«
  Auf den Punkt gebracht 41

5 »1000 Küsse, egal wohin«
  Privates und Persönliches 62

6 »Wau wau, wuff wuff«
  Animalische Beziehungen 77

7 »Dein letztes Match hast du verloren«
  Nimm's sportlich 88

8 »Zwei Eichen wurden gefällt«
  Metapherngestöber 99

9 »Hier ruht ein großer Mann!«
  Über den grünen Klee gelobt 106

10 »Viele Hunde sind des Hasen Tod«
  Mysteriöses 113

11 »Alde Babbsack«
  Der Name ist Programm 124

12 »Mein letzter Marathon«
  Körpersprache(n) 134

13 »Alles Scheiße«
  Der Ernst des Lebens 143

14 »Wer soll uns jetzt beraten?«
  (Wahl-)Verwandtschaften 152

15 »Victorias Briefkasten«
  Die letzten Dinge 160

16 »Wer singt, darf in den Himmel gehn«
  Der Sound des Abschieds 169

17 »Artur, spuke nicht«
  Die Welt der Fantasiewesen 181

18 »Route 66«
  Letzte Ausfahrt Friedhof 190

19 »Mein ist die Rache«
  (Fast) ohne Worte ... 199

BONUSTRACK:
  »Wir vermissen euer Schnurren«
  Freunde mit Fell 218

»Called to rest from a hobby called science«
Nachwort 226

Anhang:
  Wissenschaftliche Veröffentlichungen der Autoren zum Thema 229

  Liste der besuchten Friedhöfe 231

»Geht nicht gibt's nicht«
Einleitung

Ein lebendiger Ort
Ungünstiger kann ein Sonntagsspaziergang nicht enden. Man schlendert gedankenversunken über den zufällig entdeckten, abgelegenen Dorffriedhof, den keine Karte mehr kennt. Die mächtigen Äste der Bäume beugen sich schattig über die Gräber. Während man die friedliche Stille genießt und sich auf die »ganz andere« Atmosphäre des Ortes einlässt, schiebt sich die Sonne langsam unter den Horizont. Nebel steigt auf. Dann, mit einem Mal, öffnen sich die Gräber, untote, halb verweste Gestalten nähern sich wankend – und beißen zu!
Zum Glück geschieht das ziemlich selten. Aber das Bild des Friedhofs als düsterer, unheimlicher, weltvergessener Ort, der der Alltagssphäre fernsteht und für die unheilvollen Momente des Lebens reserviert ist, scheint in vielen Köpfen verankert zu sein. Der klassische Horrorfilm mit seinen Zombie- und Vampirprot-

Lebensmotto – und unabsichtlich auch eine Beschreibung moderner Friedhofslandschaften?

agonisten greift dieses Image schon lange spielerisch auf – und damit auch die Ängste, die viele Menschen mit Tod und Sterben verknüpfen.
Der Friedhof ist tatsächlich eine Schnittstelle zwischen der Welt der Lebenden und der Welt der Toten, denn nirgendwo sonst sind Arbeitsaufwand, Sorgfalt, inneres Gedenken und durchaus auch Leidenschaft so sehr auf das gerich-

tet, was »nach dem Leben« kommt. Und nirgendwo sonst wird so deutlich spürbar, dass jede(r) Einzelne dem Tod in jedem Augenblick nahesteht. Das Todesschicksal betrifft – früher oder später – alle! Das Wissen, dass die Zeit kommen wird, in der man selbst nicht mehr ist, sorgt für Verunsicherung. Nicht so sehr das »Nichtdasein« dürfte als problematisch gelten (schließlich war man auch vor der Geburt »nicht da«), als vielmehr der unumkehrbare Abschied aus dem Kreis derer, mit denen und für die man gelebt hat.

Dem Tod haftet in vielerlei Hinsicht der Ruf an, unerklärlich und mysteriös zu sein, obwohl es kaum etwas Alltäglicheres gibt. Die besondere Mixtur aus Rätselhaftigkeit und Unausweichlichkeit erklärt aber nicht nur den Schrecken des Todes, sondern auch seine Faszination. Oder weshalb halten Sie, liebe Leserin, lieber Leser, dieses Buch sonst in Ihren Händen?

Zusammengenommen kann man alle Friedhöfe der Erde als ein großes, zerklüftetes und vielschichtiges Denkmal für die Sterblichkeit des Menschen ansehen. Doch nur auf den ersten Blick handelt es sich tatsächlich um die »Stätte der Toten«. Der Soziologe Norbert Elias hat es in dem schönen Büchlein mit dem Titel *Über die Einsamkeit der Sterbenden in unseren Tagen* auf den Punkt gebracht: »Der Tod ist ein Problem der Lebenden.« Der Friedhof ist letztlich auch eine Einrichtung, die dabei hilft, das Problem des Sterbenmüssens zu verwalten. Eine Lösung verspricht er nicht; doch er erfüllt für die Gesellschaft eine wichtige Funktion, ohne die es nicht geht.

Aber da ist noch mehr; und an dieser Stelle kommen wir ins Spiel. Wir haben uns entschieden, den Spuren nachzugehen, die dafür sprechen, dass der Friedhof mehr ist als lediglich ein Platz, an dem tote Körper aufbewahrt werden. Und wir mussten feststellen, dass seine Geschichte unendlich viel komplizierter ist. Sie lohnt umfangreiche Nachforschungen in Archiven, in der Fachliteratur, mithilfe von Expertengesprächen und vor allem: vor Ort. Wer diese Mühe auf sich nimmt, wird erkennen, dass die Aufgaben des Friedhofs vielfältig sind. Und sie wandeln sich. Der »Totenacker« hält Schritt mit gesellschaftlichen Veränderungen. Er ist kein starres Gebilde, sondern eine kulturelle Einrichtung, die sich weiterentwickelt. Er unterrichtet über die Formen des Zusammenlebens. Er gibt Einblick in die Art und Weise, wie Menschen Abschied nehmen und sich erinnern. Er zeigt, wie sie ihre Trauer ausdrücken und mit einem Verlust umgehen, aber auch, wie sie gelebt haben, was ihnen wichtig war und was von ihnen bleiben soll. Der Friedhof bietet »letzte Ruhestätten«, ist aber selbst nicht tot. Er ist ein lebendiger Ort.

Individualisierung
Und trotzdem wird der Friedhof von vielen gemieden. Wenn man bildlich gesprochen über Dutzende von Leichen wandert, so erinnern die Grabsteine zwangsläufig an die eigene Sterblichkeit – nicht jeder macht sich das gerne bewusst. Wir wissen, wovon wir reden, denn wir haben uns darauf Hunderte Male eingelassen.

Auf dem Frankfurter Südfriedhof fing es an. An einem kühlen Septembertag im Jahr 2010 standen wir auf einem parkähnlich gehaltenen Friedhof am südlichen Stadtrand, im Schatten der Baumreihen und inmitten unzähliger Grab-

An zeitgenössischen Grabanlagen kann man den Toten auf Augenhöhe begegnen.

anlagen. Wir, die wir uns bis dahin kaum je auf Friedhöfen hatten blicken lassen, mussten schon nach wenigen Metern einsehen, dass Grab nicht gleich Grab ist. Unser ursprünglicher Ausgangspunkt als Soziologen war es, die gesellschaftliche Bedeutung des Friedhofs unter die Lupe zu nehmen. Dieser Plan wurde nun von der Faszination ergänzt, dass es Gräber und Inschriften gibt, die auf überraschende, erschreckende, ergreifende, skurrile, drastische, provokante, irritierende, aber auch humorvolle Weise von dem abwichen, was wir als »Mainstream« erwartet hatten. Wir kamen zum Südfriedhof, um uns inspirieren zu lassen – und als wir gingen, hatten wir ein Forschungsthema gefunden.

Einige Zeit zuvor hatte der eine von uns (Thorsten Benkel) an der Goethe-Universität in Frankfurt als Dozent ein Seminar zu dem eher unüblichen Themengebiet »Tod und Gesellschaft« angeboten, das der andere als Student besuchte. Ungewöhnlich viele Studierende nahmen an diesem Kurs teil, darunter eben auch Matthias Meitzler, der damals noch nicht ahnte, dass er später seine Magisterarbeit über Vergänglichkeit schreiben würde – und noch später die Hälfte seines Alltags auf Friedhöfen verbringen würde (inklusive Geburtstags»feier« auf dem Friedhof Buxtehude). Auch sein damaliger Dozent hatte noch keinen blassen Schimmer, dass der beiläufig gegebene Hinweis an die Studenten, auch der Friedhof sei vielleicht einmal einen Besuch wert, den Startschuss für intensive Feldforschungen geben würde.

Allein in Deutschland gibt es, fanden wir heraus, ungefähr 32.000 Friedhöfe, aber kaum soziologische Fachliteratur zum Thema. Sollte ausgerechnet der Umgang der Gesellschaft mit ihren Toten kein wissenschaftliches Thema sein? Wir begriffen das als Herausforderung. Mit der spontanen Idee, dem Südfriedhof einen Besuch abzustatten, kam der (Grab-)Stein ins Rollen. Vielleicht würden wir dort ja von der Muse der Wissenschaft überfallen (besser jedenfalls als von blutrünstigen Zombies) und würden von ihr, im Optimalfall, Ideen für eine kleine Publikation erhalten; fünf Seiten in einer Fachzeitschrift, das schien realistisch, und zwei oder drei Friedhofsbesuche würden gewiss ausreichen.

Mittlerweile haben wir über 500 Friedhöfe im deutschsprachigen Raum – von der Nordsee bis zu den Alpen – unter die Lupe genommen, und neben dem Buch, das Sie in Händen halten, noch zwei weitere zum Thema geschrieben, mehrere Aufsätze und Zeitschriftenartikel verfasst, Vorträge gehalten, Gespräche und Interviews geführt und zahlreiche Medienauftritte absolviert. Unsere Forschung reicht bei alldem über die Friedhofsmauer hinaus: Die gesamte Bandbreite des Feldes – sterben, trauern, Tod, Bestattung, Erinnerung – ist zum Gegenstand unseres Projektes geworden.

Interessierte Leser, die neugierig geworden sind, seien auf unsere anderen Veröffentlichungen hingewiesen; eine Liste befindet sich im Anhang.

Für alle anderen soll an dieser Stelle kurz die zentrale Überlegung angesprochen werden, die der Bildersammlung in diesem Buch zugrunde liegt. Sie ist ein Erklärungsansatz dafür, weshalb manche Gräber heutzutage »anders« sind und aus der Tradition ausbrechen. Wir haben Tausende dieser Gräber ausfindig gemacht, und so unterschiedlich sie im Einzelnen auch sind, sie alle haben einen spezifischen Hintergrund. Es sind Grabstätten im Zeichen des sozialen Wandels; sie belegen, dass der Friedhof mittlerweile von der *Individualisierung* eingeholt worden ist.

Damit ist ein gesellschaftlicher Trend gemeint, der streng genommen immer schon zur Moderne dazugehört hat. Weil es für die einzelnen Menschen immer weniger verbindliche Orientierungspunkte gibt, an denen sie ihr Leben ausrichten können, haben sie die Freiheit, aber auch die Aufgabe, sich die eigene Existenz zu »erbasteln« und selbst zu bestimmen, was für sie von Wert ist und was nicht. Sie müssen sich eigenständig dafür enga-

Der gesellschaftliche Wandel erreicht den Friedhof – und provoziert die Frage: Spielt Jesus nur noch die zweite Geige?

nen, ihre Lebensentscheidungen und ihre Interessen wird auf ihren Grabstätten mittlerweile deutlich erinnert. Ihre Einzigartigkeit kommt zum Vorschein und macht den Friedhof bunter; an die Stelle monotoner, reihenhausartiger Grabflächen treten Anblicke mit Wiedererkennungswert. (Der Aha-Effekt ist umso größer, bedenkt man, dass Deutschland mit die strengsten Bestattungsregeln in ganz Europa hat.) Im Sinne der Individualisierung ist es folgerichtig, dass Gräber mehr und mehr von der religiös geprägten Jenseitsaussicht abrücken und vor allem den Lebensrückblick in den Vordergrund stellen.

gieren, gesellschaftliche Anforderungen zu bewältigen. Der hohe Wert, der der Individualität heutzutage zukommt, wurzelt in dieser gesellschaftlichen Ausgangslage. Und sie strahlt, neben vielen weiteren Bereichen des sozialen Lebens, seit geraumer Zeit auch auf die Bestattungskultur aus. An die vergangene Existenz von Perso-

Zur Entstehung dieses Buches
»Geht nicht gibt's nicht« ist auf einem Grabstein zu lesen, und obwohl dieser Spruch wohl eher für die Lebenseinstellung der beerdigten Person steht, kann er in gewisser Hinsicht als unser Motto gelten. Denn der Gang über die Friedhöfe ist für uns zu einer Abenteuerreise geworden, die

immer wieder unerwartete Begegnungen parat hält. Nur wenig scheint hier noch undenkbar zu sein, und regelmäßig stoßen wir auf neue Überraschungen. Unsere Expeditionen zwischen Gräberreihen und Urnenwänden haben wir dokumentiert und soziologisch ausgewertet. Irgendwann dachten wir uns, dass es eigentlich schade wäre, an den größeren und kleineren Kunstwerken, die auf Friedhöfen ausgestellt sind, nur die Fachöffentlichkeit teilhaben zu lassen. Statt knochentrockener Expertenlektüre schwebte uns ein unterhaltsames, aber auch sachkundiges Buch für jedermann vor.

Die Auswahl aus unserem Bildarchiv fiel uns nicht leicht, und wir können auf den folgenden Seiten leider nur einen kleinen Einblick in unseren Fundus geben. Hinter den Kulissen ging es hoch her: Wir mussten beinahe schon handgreiflich werden, um uns gegenseitig zu »überzeugen«, welches Bild unverzichtbar sei. Auf manche persönlichen Lieblinge musste schweren Herzens verzichtet werden.

Die Fotos sind nach thematischen Schwerpunkten in Kategorien eingeteilt, meist von einem Kommentar begleitet. Jedes Kapitel beginnt mit einem kurzen Einleitungstext, der den Zusammenhang erläutert. Die Geschichten, die die Gräber erzählen, erschließen sich nicht immer auf den ersten Blick, und gerade das macht sie interessant. Einige Darstellungen wären sicher auch in einem anderen Kapitel gut aufgehoben, andere wollen dagegen nirgendwo so richtig hineinpassen. Unsere Bildbeschreibungen verraten manches über unsere eigenen Sichtweisen, sie geben bisweilen aber auch Aufschluss über gesellschaftliche Hintergründe, und manchmal sind sie das Produkt spontaner Ideen, die uns beim Anblick der Grabstätten kamen.

Die Arbeit am Manuskript und bereits unsere wissenschaftliche Tätigkeit haben uns zu Friedhofsfans gemacht. Ganz gleich, in welche Ortschaft uns Zufall oder Notwendigkeit führten, ein Besuch auf dem Friedhof stand an oberster Stelle, nicht immer zur hellen Freude Mitreisender. Und gäbe es auf den Grabfeldern Flutlicht, wären wir sicher auch nachts unterwegs gewesen. Egal, wie todmüde wir waren, wir konnten uns der Friedhofs-Faszination nicht entziehen. Nebenbei halfen wir älteren Damen beim Blumenschneiden und entzündeten für sie Grablichter, retteten eine Person aus dem Abfallbehälter eines Parkfriedhofs (fragen Sie nicht!), lauschten nicht enden wollenden Familiengeschichten, diskutierten mit (echten und selbst ernannten) Theologen, wurden vom Navi statt zum Friedhof in eine Militärkaserne gelotst, erhielten von Bestattern, Taxifahrern und Krankenhauspersonal wertvolle Hinweise auf weitere »Fundstellen«, gerieten unfreiwillig in die Rolle von Friedhofsführern, und vieles mehr.

Bei alldem ist es uns wichtig, zu betonen, dass dieses Buch keinesfalls die Absicht verfolgt, die Verstorbenen oder ihre Angehörigen bloßzustellen. Es soll, ganz im Gegenteil, als Zeichen der Anerkennung, ja der Bewunderung verstanden werden gegenüber denjenigen, die die Verbindung von Leben, Tod und Grabgestaltung auf faszinierende und anrührende Weise kreativ zu inszenieren wussten. Gewürdigt werden sollen damit auch jene Bestatter, Steinmetze und Friedhofsgärtner, die tatkräftig dafür gesorgt haben, dass die »letzten Ruhestätten« ansprechend gestaltet sind.

Uns haben viele der Gräber, die in diesem Buch abgebildet sind, im positiven Sinne sprachlos gemacht. Sie haben uns bereichert. Das möchten wir teilen. Insofern sei unser Buch all jenen gewidmet, die in diesem Zusammenhang den Schritt gewagt haben, aus konventionellen Bahnen auszubrechen.

Thorsten Benkel &
Matthias Meitzler,
im Dezember 2013

»Lach doch mal«
Der Humor lebt weiter

Wenn es einen Ort gibt, an dem gute Laune gemeinhin nicht zu Hause ist, dann auf dem Friedhof. Und in der Tat, die meisten Gräber sind nicht eben zum Totlachen. Dennoch gibt es Ausnahmen. Auch der Spaß, die Lebensbejahung und sogar die Jecken haben den Friedhof erreicht. Wieso auch nicht, wo doch Trauer und Humor mitunter die gleiche Farbe tragen: Schwarz. Manchem Verstorbenen würde der Anblick seiner Grabstätte gewiss ein Schmunzeln abverlangen – nicht zuletzt, weil er darin seinen Charakter widergespiegelt findet.

Es muss also nicht immer todernst zugehen. Die hier versammelten, auf den ersten Blick erstaunlichen Darbietungen sind bezeichnend dafür, dass sich Menschen immer seltener traditionellen Vorgaben verpflichtet fühlen. Zur Individualisierung des Friedhofs gehört offenbar dazu, dass auch solche Bilder, Sprüche und Symbole verewigt werden, die seinem Ruf als düsterem und traurigem Ort widersprechen. Kurzum, die folgende Auswahl macht deutlich, dass zwar wertvolle Personen verloren gehen – aber nicht zwingend der Humor.

Ein steinernes Kreuz, eine imposante Mauer, ein fröhlicher Clown und eine Handvoll bunter Schweine – willkommen auf dem Friedhof der Gegenwart!

Wenn Sie zu denjenigen Zeitgenossen gehören, die beim Anblick von Clowns Schweißperlen auf der Stirn haben, sollten Sie diesen Friedhof meiden. Sonst könnte es passieren, dass Sie sich zu Tode erschrecken ...

Der Humor lebt weiter

Viele Gräber laden zum Verweilen ein – hier wird aber eindringlich davon abgeraten! Das ist nicht despektierlich gemeint, denn der Spruch geht auf Helgas (Narren-)Kappe.

01 »Lach doch mal«

Dieses Grab kennt
keinen Aschermittwoch.

Noch ein »komischer« Grabstein. Auch
hier herrscht immer die fünfte Jahreszeit.

Der Humor lebt weiter

Humor als Trauerbewältigung: Bisweilen trösten Hinterbliebene sich selbst, indem sie den Verstorbenen beruhigende Botschaften in den Mund legen. Besonders ungewöhnlich ist, dass hier nicht Trauer-, sondern Freudentränen verlangt werden.

Wenn Sie in Marburgs Straßen ein Lachen hören sollten, dann wissen Sie nun Bescheid.

Manche Grabstätten vermitteln den Eindruck, als sei der Friedhof ein Jahrmarkt der Eitelkeiten. Der Rummelplatz als Volksbelustigungsstätte taucht hingegen eher selten auf. Die Kalbfleisch-Dynastie beweist nun aber mithilfe ihrer Grabeinrichtungen, dass Spaß und Amüsement mit beruflichem Engagement durchaus zusammenpassen können – auch wenn die Gondeln Trauer tragen.

»Er war ein Vollblutkomödiant«
Berufe und Berufungen

Der Beruf war lange Zeit das expliziteste Merkmal, um Individualität auszudrücken – andere Alternativen gab es fast nicht. Das galt überwiegend für solche Berufe, die für die Öffentlichkeit und die soziale Umgebung als spezifische Rolle relevant waren (z. B. Lehrer, Handwerker, Pfarrer, Ärzte usw.). Heutzutage geben Berufsbiografien jedoch nur noch selten zuverlässig Auskunft über eine verstorbene Person. Arbeitsverhältnisse ändern sich und werden oftmals nicht für ein ganzes Leben lang eingegangen.

Das zeigt sich auch auf dem Friedhof, wo die Berufsbezeichnung mittlerweile eher *Berufungen* Platz macht. Nicht nur, womit einer sein Brot verdient hat, fällt hier ins Gewicht, sondern auch, wofür jemand (ein-)stand und welche Passionen in seinem Leben eine Rolle gespielt haben. Die Bandbreite ist in diesem Bereich verständlicherweise recht groß. Sie reicht von der Nischentätigkeit bis zum identitätsstiftenden Alltagsgeschäft, von der Ausbuchstabierung bis hin zur bloßen Andeutung durch Symbole.

02 »Er war ein Vollblutkomödiant«

Wo ist das Bierglas, wenn man es braucht? Wer denkt, dass es auf Gräbern keinen Zapfhahn gibt, der hat die Rechnung ohne diesen Wirt gemacht. Sein »Arbeitsgerät« hat seine Aufgabe in der Kneipe erfüllt – und ist jetzt Symbol für den Zapfenstreich.

Damit keine falschen Schlüsse gezogen werden, wird hier vorgebeugt: Nicht jeder ist aus dem gleichen Holz geschnitzt – und mancher gar nicht.

Diese Grabdarstellung zaubert dem Betrachter ein Lächeln ins Gesicht. Ungewöhnlich ist, dass neben dem Klarnamen auch der Künstlername genannt ist, was auf eine enge Verbundenheit mit der magischen Leidenschaft schließen lässt. Und aus dem Hut springt eine zwinkernde Eule – den Trick macht ihm auf dem Friedhof so schnell keiner nach.

Waschen – schneiden – sterben: Lebensbilanz eines Friseurmeisters

Treue zum Verein – auch in der »Nachspielzeit«, wenn das Flutlicht längst erloschen ist. Der Grabstein zeigt, dass selbst »Nischentätigkeiten« eine Rolle festschreiben können – und andere soziale Positionen überstrahlen.

Für diesen Doktor braucht man kein Studium.

Dieser Künstler hat auch an seinem (selbst entworfenen) Grabstein Kreativität bewiesen.

Hoch hinaus will man nicht nur, wenn man sich in den Himmel wünscht. Das Grab eines Prüfingenieurs ist mit einer Miniatur des Frankfurter Messeturms ausgestattet, in dessen 54 Etagen er vermutlich besonders gerne seiner Arbeit nachging.

Friedhofsmauer mal anders:
Hier ist trotz Tod alles im Lot.

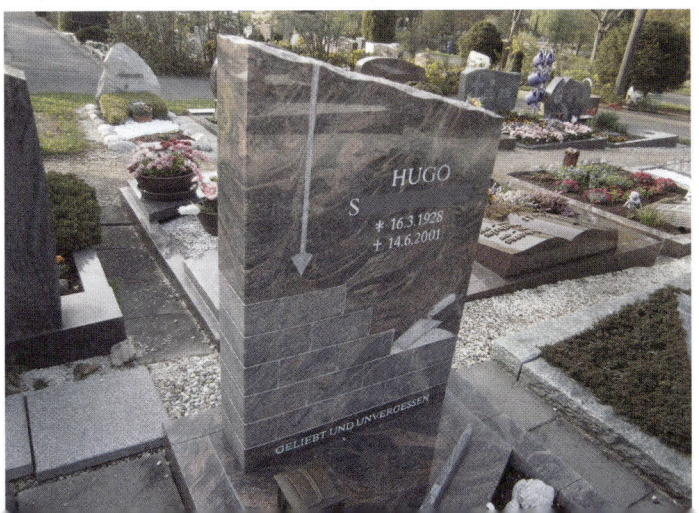

02 »Er war ein Vollblutkomödiant«

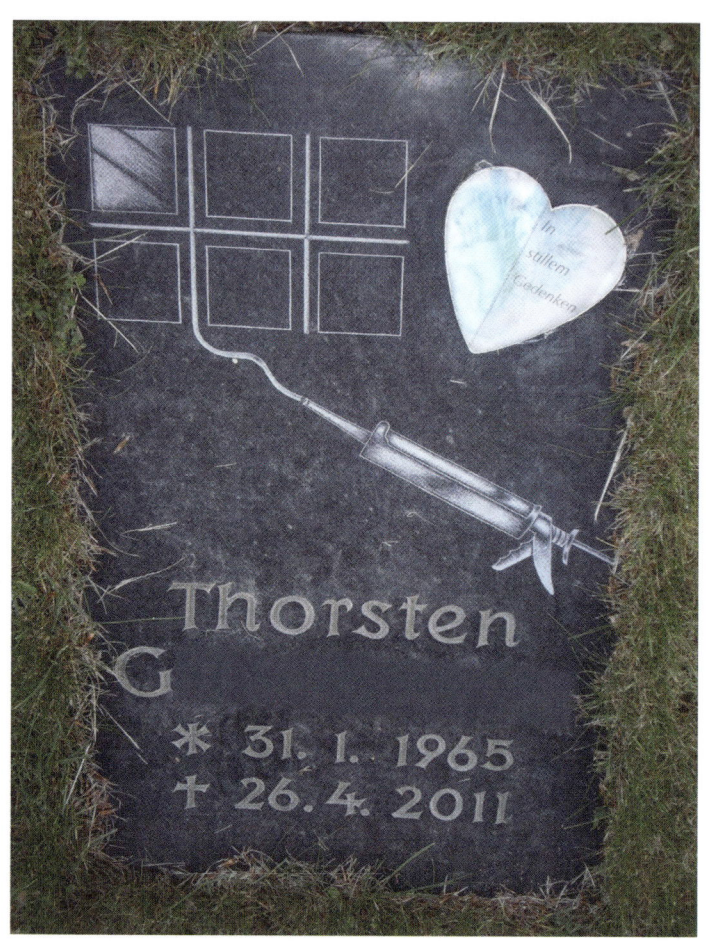

Goethe sprach von »Dichtung und Wahrheit«.
Hier steht die Dichtung im Vordergrund.

02 »Er war ein Vollblutkomödiant«

Er ging zwar als Letzter von Bord – aber am Ende hat auch der Kapitän den Zielhafen erreicht.

Wer möchte schon an seiner Berufsstätte beerdigt sein? Da es sogar Leute geben soll, deren Arbeitsplatz der Friedhof ist, ist das vermutlich unumgänglich. Was wohl der Friedhofinspektor zu der Vielfalt moderner Gräber sagen würde?

»Die Berge rufen mich«
Kleine Fluchten aus dem Alltag

Von den Mühen der Arbeit nun zur Süße der Freizeit. Der Unterschied zwischen beiden Sphären fällt manchmal gar nicht so groß aus: Auch bei Hobbys und Vorlieben werden Leistungen erbracht, wird die Persönlichkeit hervorgekehrt, auch hier gibt es Routinen, und dennoch geht es um die Flucht aus der Alltäglichkeit. Manche Freizeitbeschäftigungen, die auf Grabsteinen in Erscheinung treten, beherbergen noch eine tiefere Sinnebene: Sie sind Symbole für (tatsächliche, erträumte und erwünschte) Weltfluchten, die sich nicht oder nur zum Teil haben verwirklichen lassen und die nach dem Tod der verstorbenen Person zugeschrieben werden.

Schnittmengen zum Sport (siehe Kapitel 7) sind offenkundig. Das große Spektrum, das hier wie dort vorherrscht, lässt manchen Zeitvertreib auf den ersten Blick skurril oder unverständlich wirken; erst beim zweiten Hinschauen offenbart sich, worum es tatsächlich geht. Ein weiterer passender Aspekt ist der Umstand, dass auch der Friedhof mehr und mehr zur Parkanlage wird, die zum Verweilen und Erholen einlädt. Chillen im Schatten der Gräber – auch eine Alltagsflucht?

Après-Ski

Vom Ski- zum Fallschirmsprung:
ein Hobby – und zugleich ein Symbol

Vom Sprung zum Springer: Damit beginnt
der Spieleabend auf dem Friedhof.

Poker after Dark: Mit diesem Blatt ist er auch nach dem Tod schwer zu schlagen.

Diese und die nächste Lebensweltdarstellung stellen die Treffsicherheit der Angehörigen unter Beweis.

Kleine Fluchten aus dem Alltag

In Deckung! Auch hier wurde ins Schwarze getroffen.

Rollschuhfahrer bleiben lange jung.

Die seltsam klingende Zeichenfolge steht für einen Codenamen im Hobby-Sprechfunk. Wer das nicht weiß, hört nur ein Rauschen.

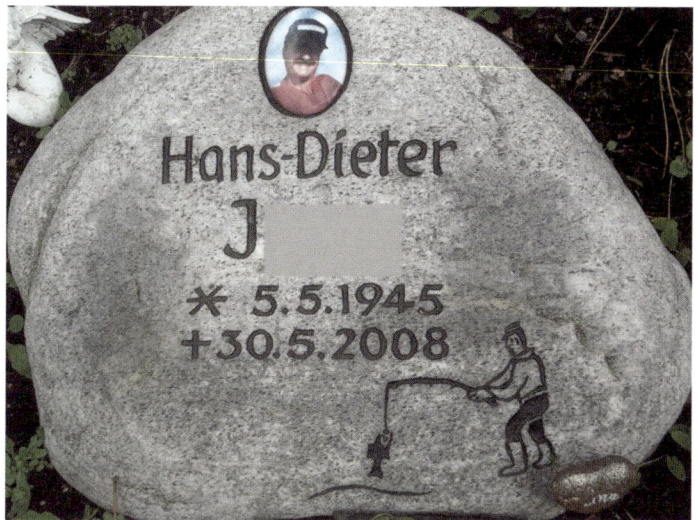

Auch rasante und actiongeladene Freizeitbeschäftigungen haben hier ihren Platz.

Rolling (Grave-)Stones

Halbherzige Anhänger der Band tätowieren sich das Logo ein – echte Fans haben es auf ihrem Grabstein.

Kleine Fluchten aus dem Alltag

Höhen und Tiefen ...

03 »Die Berge rufen mich«

Nach all dem Freizeitstress endlich
ein wenig Ruhe (in Frieden)

»Hi Leute, ich lebe noch«
Auf den Punkt gebracht

Entgegen einer populären Redewendung sind Gräber alles andere als schweigsam. Es ist also keineswegs so, dass auf den Tod kein Sterbenswörtchen mehr folgt. Zumindest die nachfolgenden Beispiele übertreffen sich selbst hinsichtlich der sprachlichen Formulierungskunst, der subtilen Andeutungen, der offenen Klagen und der humorvollen Abschiedsworte. Die klassische Inschrift, der Bibelvers, hat Konkurrenz bekommen: Bekannte Zitate und private Poesien erobern die Grabsteine und machen sie zu Trostspendern, zum Appell an die Nachwelt, zu Trägern eines persönlichen Lebensmottos, zum nostalgischen Gruß, ja sogar zum Racheschwur. Auch politische Botschaften, Mundart und Songtexte gehören zum »Sprachgebrauch« auf dem modernen Friedhof.

Die Stimmungen reichen von himmelhoch jauchzend bis zu Tode betrübt. Wer hier mit wem oder über wen spricht, ist nicht verbindlich geregelt. Manche Wortmeldungen sind überaus lakonisch gestaltet, andere kommen buchstäblich ohne Punkt und Komma aus. Und bei manchen versteht man nur Bahnhof – bzw. Friedhof. So oder so, es kann nicht geleugnet werden: Grabsteine erzählen (Lebens-)Geschichten.

Gerne würde man dieser Aufforderung nachkommen – nicht zuletzt, um Karsten B. zu diesem gelungenen Grabstein zu beglückwünschen.

Lebensweisheit – und Heizkostenspartipp für den Winter

Mit seiner positiven Lebensrückschau mahnt Jupp zur Selbstverwirklichung.

Auf den Punkt gebracht

Hier geht's nicht um den Kalten Krieg – dieser Spruch stammt ursprünglich aus spätmittelalterlichen Leichenpredigten.

Obwohl er sich doch auch Zeit lassen könnte

Beruhigende Botschaft an die engsten Hinterbliebenen

Eine eigenwillige Einsicht in die Flüchtigkeit der Dinge

Totgesagte leben länger.

In einem Buch von Soziologen darf Adorno nicht fehlen.

Geflügelte Worte

Die (La-Ola-)Wellen, die dieses Stepanović-Zitat geschlagen hat, reichen von der Fußball- sogar bis in die Friedhofswelt.

Grabsprüche gehen nicht immer auf Dichter, Denker und religiöse Schriften zurück. Bei diesen beiden Beispielen muss vielmehr von der Zugehörigkeit zu »Dialektgemeinschaften« ausgegangen werden. Die Verstorbenen »sprechen« in ihrer Mundart und sagen damit mehr als das, was in Worten geschrieben steht.

Die beiden vorausgegangenen Beispiele zeigen: Die Reinheit der deutschen Sprache ist auf Grabsteinen nicht immer gewahrt. Aber es ist gut zu wissen, dass jemand aufpasst(e).

... und so verliebt wie damals.
Ein Abschiedsgruß voller Nostalgie

Weniger Gewissenhafte müssen sich im Bettenlager umschauen.

Metamorphose und Metapher – alternative Worte für Leben und Sterben

Ein klassischer Aphorismus als poetischer Leckerbissen – auch das halten Friedhöfe heutzutage bereit.

Es müssen nicht immer gewichtige Worte sein; manchmal trifft auch eine lakonische Erkenntnis den (Sarg-)Nagel auf den Kopf.

↕ Was denn nun? Irgendwie haben beide recht.

Das Lebensende gleicht einem Partyabend: Zeit zu gehen ...

... obwohl es noch so schön ist ...

... man kehrt zuhause ein,
während die anderen noch feiern ...

... und fühlt
sich letztlich
dennoch wohl.

Auf den Punkt gebracht

Unmissverständlicher Besitzanspruch:
Rückgabe ausgeschlossen

Und früh
genug auch du!

Bange Fragen

Manchmal fehlen die Antworten – und manchmal fehlt die Frage. Was »Das« heißt, hat er uns nicht gesagt; wer zwischen den Zeilen liest, dürfte allerdings eine Vermutung haben.

Marlene kannte die Herkunft des Zitats noch ohne Google.

Es gibt Menschen, die jeder Situation
etwas Positives abgewinnen können.

Noch mehr Zuversicht ist hier in Stein gefasst.
Lebensende gut – alles gut?

Auf Muttis Rat war stets Verlass.

Morgen schon?

In dringenden Fällen kontaktieren Sie bitte …

Kann jemand diesen Spruch erhellen?
Wir tappen
im Dunkeln.

Auf den Punkt gebracht

Unser letztes Wort in diesem Kapitel gilt diesem letzten Wort. Wir verneigen uns vor einer Darstellung, die wenig braucht, um viel zu sagen.

»1000 Küsse, egal wohin«
Privates und Persönliches

Nirgendwo gibt es ein so polarisierendes Aufeinandertreffen von Privatsphäre und Öffentlichkeit wie bei Facebook – und auf dem Friedhof. In beiden Fällen geht es häufig um die kompakte Darstellung individueller Lebenswelten. Schaut man sich zeitgenössische Grabmale etwas genauer an, so zeigt sich, dass keineswegs ein vollständiges Bild im Mittelpunkt steht, sondern eher Bruchstücke eines Lebens, die mit einer bestimmten »Inszenierungsabsicht« arrangiert werden.

Auch recht private und persönliche Aussagen und Versinnbildlichungen stellen nicht so sehr dar, wie jemand tatsächlich gewesen ist, sondern, wie er oder sie erinnert werden will – oder *soll.* Die gewählten Beispiele belegen zum einen, dass dies mal dezent und mal äußerst ausführlich umgesetzt wird – mit vielen Schattierungen dazwischen. Und sie demonstrieren zum anderen, dass die Vielfalt der Eigenschaften und der privaten Einstellungen eines Menschen mit der Vielfalt ihrer Darstellungsweisen wetteifert. Bei alldem sei daran erinnert: Das griechische Wort *persona* bedeutet auch – *Maske.*

Dokumente eines Lebens, im wahrsten Sinne des Wortes: So ausführlich wie hier wird eine Biografie auf dem Friedhof selten dargestellt.

Bausteine, die unterschiedliche Stationen zeigen –
das Leben als »Setzkasten«.

Verschiedene Seiten eines Lebens auf verschiedenen Seiten mehrerer Würfel. Der Besucher kann drehen und wenden, wie er will.

Todessymbole sind auf dem Friedhof nichts Ungewöhnliches, »Skull & Bones« aber schon. Handelt es sich womöglich um einen Warnhinweis im Sinne von: Leben kann tödlich sein?

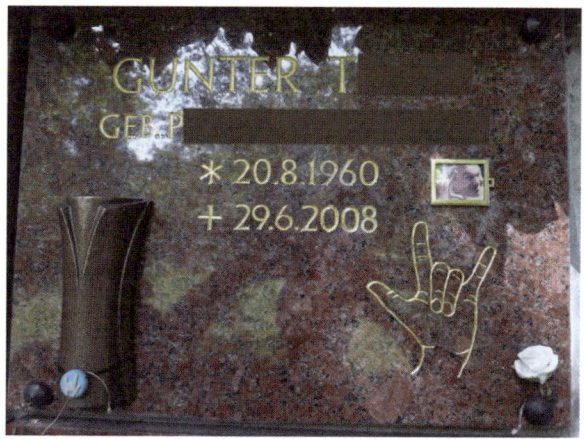

Hände auf dem Grabstein müssen nicht immer gefaltet sein.

Live fast – die old?

Ein Leben, das Konventionen getrotzt hat, trifft auf ein Grab, das dasselbe tut.

Das größte Glück der Erde lag in diesem
Fall offenbar auf dem Rücken der Pferde.

Auch ganz private Interessen werden
auf Gräbern
dargestellt –
oder geht es
ums Reiten?

Aus den Buchstaben des Vornamens werden hier die Charaktereigenschaften der Verstorbenen gebildet.

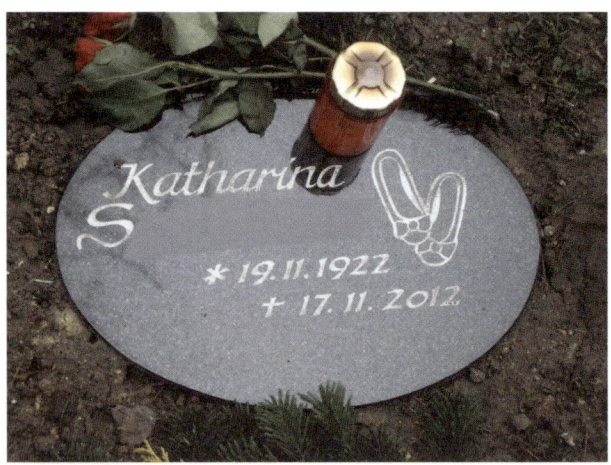

Hat sie sich etwa auf leisen Sohlen davongeschlichen?

Postkarten und Briefe sind auf Friedhöfen gar nicht so selten.
Auf Geschenkgutscheine stößt man dagegen nicht so oft.
In unserem Beispiel wird ein solcher zum Liebesbrief
umfunktioniert, der über die Grenze des Todes hinausgeht.

Er war kein Mann ohne Eigenschaften.

Seebär Erwin liegt mit den Individualisierungstrends des Friedhofs auf einer Wellenlänge.

Der Grabstein zeigt: Sie war sich bis zuletzt bewusst, wo es langgeht.

Datumsangaben sind auf Grabsteinen üblich. Weniger häufig wird jedoch dargestellt, dass sich die prägenden Ereignisse *zwischen* Geburt und Tod abspielen. Traditionell fallen darunter solche Statusübergänge wie Berufseinstieg, Eheschließung oder die Geburt der Kinder. Hier haben wir ein Beispiel, das die wichtigsten Lebensstationen einmal nicht verschweigt, sondern ebenbürtig nebeneinanderstellt. Für den uneingeweihten Leser: Es handelt sich wohl zum einen um das Kennenlernen der späteren Ehefrau, die Heirat und die Silberhochzeit – und zum anderen um die Deutsche Meisterschaft, den DFB-Pokalgewinn und den UEFA-Pokalsieg von Eintracht Frankfurt. Gut für den Steinmetz, dass der Verstorbene kein Fan von Bayern München war …

Zahlen am Grab müssen nicht immer Lebensdaten sein. Hier ist das Nummernschild auch ein Persönlichkeitsaspekt – selbst wenn es sich mittlerweile um einen Dauerparker handelt.

Kein Anschluss unter dieser Nummer: ein ungewöhnlicher Zusatz zu den Informationen, die der konventionelle Grabstein preisgibt.

Das persönliche Weltbild –
im wahrsten Sinne des Wortes.

Platzprobleme auf dem Grabstein waren gestern! Moderne
Technik macht vor der Friedhofsmauer nicht halt. Mithilfe
des QR-Codes kann jeder Smartphone-Besitzer persönliche
Informationen einsehen. Manchmal ist weniger wirklich mehr.

Sie muss in jedem Augenblick bezaubernd gewesen sein.

Die Grabstätte fungiert zunehmend als Zeugnis von Lebensleistungen.

Es gibt nicht nur Platz für Spitznamen, sondern auch für Schnappschüsse von Alltagssituationen. So lässt sich darstellen, worauf man stolz war oder wie man erinnert werden möchte.

Fotografieren kann ja jeder!

05 »1000 Küsse, egal wohin«

Das fehlende Wort befindet sich an der rechten Seite des Grabsteins: *fällt*.

»Wau wau, wuff wuff«
Animalische Beziehungen

Auf Friedhöfen müssen Hunde leider fast immer draußen bleiben (mit Ausnahme von Blindenhunden). Auf Grabsteinen begegnet man ihnen manchmal aber doch – und nicht nur ihnen. Als Statuen, auf Fotos und eingraviert treten in Friedhofslandschaften einerseits Nutz- und Haustiere, also unsere tierischen Lebensbegleiter, andererseits aber auch Kreaturen auf, die eher als Symbole für menschliche Eigenschaften dienen. Die beiden häufigsten Tierarten auf modernen Gräbern sind, soweit wir sehen, je einer dieser beiden »Spezies« zuzurechnen: Es handelt sich um Katzen – und um Elefanten.

Aus Sicht von begeisterten Tierliebhabern lockte der traditionelle Friedhof, der statt Bello und Muschi lediglich Engel und Jesus abbildete, keinen Hund hinterm Ofen hervor. Heute ist das anders. Das besondere Verhältnis zwischen Mensch und Tier (die Soziologie spricht von *parasozialen Beziehungen*) kommt auf dem Friedhof u. a. dadurch zum Ausdruck, dass Tiere als »Trauernde« anerkannt werden. Manches Grab macht den Eindruck, dass die animalischen Hinterbliebenen mitunter sogar wichtigere Protagonisten der Trauer sind als die menschlichen.

Die »Artenvielfalt« auf dem Friedhof ist beeindruckend – wie dieser überlebensgroße Koi beweist.

Der König der Tiere darf natürlich ebenfalls nicht fehlen. (Auch wenn er hier nicht gerade majestätisch dreinblickt.)

Animalische Beziehungen

Was die Proportionen angeht, können sich auf dem Friedhof Mücke und Elefant auf Augenhöhe begegnen.

Der Elefant steht für Weisheit, Alter und ein gutes Gemüt. Oma auch.

Hier wache ich! Frauchen lebt nicht mehr –
doch der treue Hund bleibt am Grab.

Man rätselt zunächst. Ach, da liegt der Hund begraben!
Oder auch nicht. Peps durfte womöglich zu Lebzeiten
mit ins Bett – aber ins Grab darf er nur »symbolisch«.

Haustiere müssen nicht zwingend Solisten sein; manchmal treten sie auch im Rudel auf.

Laut biblischer Berichterstattung hatte Jesus keine Haustiere. Der treue Blick dieses Vierbeiners könnte einen fast vom Gegenteil überzeugen.

06 »Wau wau, wuff wuff«

Dieses Grabsteinfoto ist nicht in der typischen Ovalform professionell angebracht, sondern von den Angehörigen provisorisch mit Klebestreifen befestigt. Ein Hund stellt sich darauf als posthumer Begleiter vor und unterstreicht sein Anliegen mit einem kernigen »Wau wau, wuff wuff«.

↕ Nein, wir möchten Ihnen keinen Bären aufbinden:
Auch hierbei handelt es sich um Gräber.

Eine Sammlung exotischer Tiere, die einander allenfalls im Zoo begegnen – oder auf dem Friedhof.

Ein schönes Beispiel für eine Gestaltung, die persönliche Wertvorstellungen jenseits traditioneller Symbole zum Ausdruck bringt. Die Darstellung lässt sich zugleich als säkulare Variante einer religiösen Idee verstehen.

Die Mutterrolle ist auf dem Friedhof weitverbreitet. Wie die Katzenmama zeigt, muss man dafür nicht unbedingt schwanger gewesen sein.

Katz und Maus: friedliche Koexistenz auf dem Friedhof

Keine Angst, der will nur spielen!

»Dein letztes Match hast du verloren« Nimm's sportlich

Auf dem Totenacker hat das olympische Motto »Dabei sein ist alles« gewiss keine Gültigkeit. Auch »Sport ist Mord« wäre hier eine übertriebene Behauptung. Dennoch kann man an Gräbern mittlerweile vergleichsweise häufig Verweise auf sportliche Aktivitäten finden. Manche der Leibesertüchtigungen, die hier *post mortem* in Szene gesetzt werden, waren zu Lebzeiten in der Tat schweißtreibend. In anderen Fällen geht es wohl vorrangig um passives »Miterleben«. Zwar liest man nirgends einen Spruch wie »Schiri, wir wissen wo dein Grabstein steht«. Auch an ein »Urnenwandschießen« hat offenbar noch niemand gedacht. Ansonsten hat die Sportkultur mit all ihren Disziplinen Einzug in die Friedhofsarena gehalten. Um einen Ort der Bewegungslosigkeit handelt es sich also nicht. Anzeichen sportlichen Agierens bestätigen diesen Eindruck symbolhaft, und noch die ausgefallenste Gestaltung wird hier nicht des (Grab-)Feldes verwiesen.

Wenn man möchte, kann man das Leben als Wettkampf oder als Wettrennen ansehen, bei dem jeder irgendwann ans Ziel kommt. Natürlich lässt sich auch diese Metapher auf Grabsteinen finden, wie mehrere unserer Beispiele beweisen.

Nimm's sportlich

Hier ist das Foto eines begeisterten Radsportlers zu sehen, dessen Passion seine Hinterbliebenen zu einer besonders sportiven Grabgestaltung angeregt hat. Die Inschrift macht deutlich, dass er an seinem »Lebensziel« angekommen ist.

Zuneigung zum Drahtesel demonstriert auch Ludwig P.
Mal Fahrradhelm, mal Narrenkappe – Hauptsache behütet.

Diese Variante liegt ebenfalls gut im Rennen.

Angesichts so vieler Pferdestärken kommt der handelsübliche Leichenwagen nicht hinterher.

Ein abgefahrener Reifen – ein abgefahrenes Grab

Widmen wir uns nun der schönsten Nebensache der Welt. Was wäre eine Fußballmannschaft ohne ihren 12. Mann (oder ihre 12. Frau)? Auch auf dem Friedhof kann man ihn/sie immer häufiger beobachten.

Entgegen anderslautender Ansichten hat Klaus Augenthaler nicht für den 1. FC Köln gespielt. Aber bei einem so begeisterten Fan wie Uwe W. kann man mal ein Auge zudrücken.

»Königsblau bis in den Tod«. Und offenbar auch noch danach! Der Friedhof gewinnt durch Farben, die schon das Leben bestimmt haben, an Buntheit.

Ruhrderby: Rivalität auf dem grünen Rasen – Frieden auf dem Friedhof

Freunde des Toten haben seine Grabstätte mit einem Stück »Meisterrasen« verziert, also mit einem echten Teilstück des Grüns, das bei dem entscheidenden Spiel im Stadion ausgelegt war. Für sie ein Teil der Trauerarbeit – und der verstorbene Fan kommt dadurch »nachträglich« mit dem Triumph seiner favorisierten Mannschaft in Berührung.

Wahre Leidenschaft kennt offenbar keinen Abpfiff.

Unabhängig von den Ergebnissen auf dem Platz: Dieser Grabstein hat seine Erstligatauglichkeit längst unter Beweis gestellt.

Auf dieser Grabplatte ist noch
Platz für den Matchpartner.

Mit einem Augenzwinkern wird aus
einem Hobby ein Abschiedsgruß.

Wie hier deutlich wird, ist auf dem Friedhof, ähnlich wie bei einer Olympiade, nahezu die gesamte Bandbreite des Sports vertreten. Die Leser mögen selbst entscheiden, welchen Grabgestaltungen sie Gold, Silber und Bronze verleihen.

Ein »Super Bowl« unter den modernen Grabstätten: Touchdown für Günter F.!

Ein sportliches Memento mori: Irgendwann kommt für jeden der Knock-out.

Die Grabplatte
als Golfplatz
»en miniature«

Nein, dies ist ausnahmsweise kein Grabstein, sondern eine Hinweistafel. Es gibt nicht nur Friedhöfe, auf denen vergangene sportliche Triumphe zelebriert werden, sondern auch solche, auf denen man aktiv Sport betreiben kann! Nirgendwo wird die Verwandlung der Totenstätte zum Park deutlicher als hier, wo die Besucher sogar zu »lebensverlängernden Maßnahmen« angehalten werden.

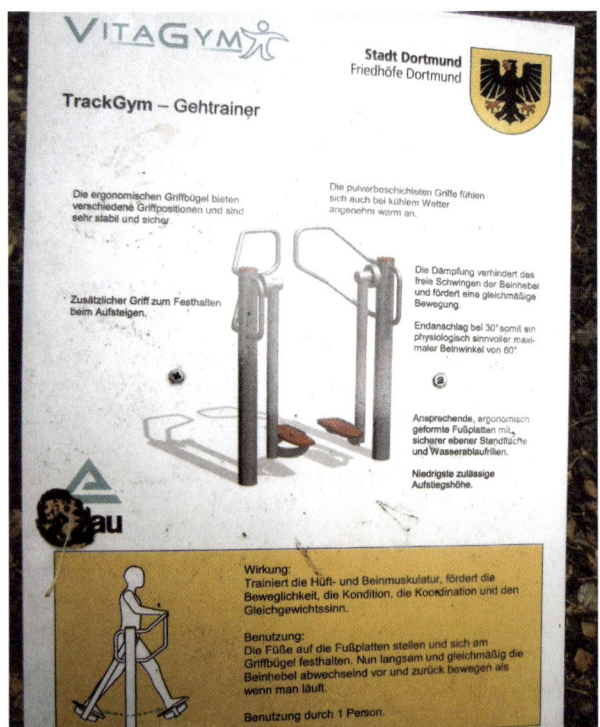

»Zwei Eichen wurden gefällt«
Metapherngestöber

Der Tod hat viele Gesichter, und wie man beispielsweise aus Todesanzeigen weiß, ist eines dieser Gesichter seine Einkleidung in Symbole und Metaphern. Da Texte und Bilder nicht nur das ausdrücken, was eindeutig ist, sondern »zwischen den Zeilen« durchaus zusätzliche Bedeutungsebenen transportieren (können), ist das Sinnbild auf dem Friedhof gut aufgehoben. Denn es kann Ambivalenzen zum Ausdruck bringen; und an der Schwelle zwischen Leben und Tod gibt es bekanntlich vielerlei Unklarheiten und Mehrdeutigkeiten.

Bisweilen reicht eine Andeutung, in anderen Fällen muss länger nachgedacht werden; manche Bilder lösen Rührung aus, andere sind humorvoll, wieder andere sind versöhnlich – und einige wollen alles auf einmal.

Es gehört zu individuellen Grabstätten dazu, dass sie Regeln der Angemessenheit und moralische Standards manchmal infrage stellen und manchmal gar überschreiten. Dies mag in metaphorischer Form ein Verweis auf das Wesen der verstorbenen Person sein. Sinnbilder sind also durchaus ein Weg, viel zu sagen, ohne *zu viel* zu sagen.

Schon der Kirchengelehrte Augustinus wusste:
»Mors certa, hora incerta« – auf Deutsch ungefähr:
Wir wissen, dass wir sterben werden, aber nicht,
wann uns das letzte Stündlein schlägt.

Auch hier: Stein und Zeit. Die Uhr als Vergänglichkeitssymbol.

Unterschiedliche Arten, das Lebensende zu
versinnbildlichen: als zerbrochener Traum,
als zerrissene Kette – oder als Blitzeinschlag

Hier ist der Zug abgefahren.

Halali! Dieser (namenlose) Grabstein beweist: Wenn es um (ewige) Jagdgründe geht, muss man sich nicht in Wälder und Flure begeben. Denn das Leben ist immerzu eine Jagd nach Identität und Anerkennung.

Kein Waldsterben, sondern ein weiteres bildersprachliches Beispiel: die starken Eichen, die dann doch weichen mussten.

Die Verstorbenen bitten in diesem und dem Beispiel der Folgeseite ihre Nachwelt darum, ihr Schicksal zu akzeptieren.

Der Tod als »Schlafes Bruder«

Wenn schon ewig schlafen,
dann wenigstens gut

»Hier ruht ein großer Mann!«
Über den grünen Klee gelobt

Über die genaue Herkunft der Redensart »jemanden über den grünen Klee loben« ist man sich nicht ganz einig. Die These, wonach das Sprichwort auf den Friedhof zurückgeht, gefällt uns, wie Sie sich denken können, am besten. Offenbar steht es im Zusammenhang mit der schon in der Antike bekannten Devise, dass man über die Toten (deren Grab irgendwann mit Klee bewachsen ist) doch bitte nur Gutes reden solle.

Wie die nachfolgenden Bilder belegen, hat sich seit damals nicht allzu viel verändert (nur Klee ist als »Bodendecker« nicht mehr so beliebt). Manche Grabsteine vermitteln sogar den Eindruck, dass Lebensleistungen *nach* dem Tod weitaus stärker anerkannt werden als noch zu Lebzeiten. Dahinter könnte eine Tendenz zur Verklärung stecken, welche gerade dann greift, wenn eine Person sich nicht mehr im sozialen Umfeld befindet.

Vielleicht sind es aber auch schlichtweg die positiven Erinnerungen, die sich nach einem Lebensende aufdrängen. Friedhofsbesucher können sich jedoch manchmal nicht des Verdachtes erwehren, dass bei der Glorifizierung ein wenig zu dick aufgetragen wird. Schließlich hat doch jeder seine Leichen im Keller, nicht wahr?

HIER RUHET
MAGDALENA TRAITEUR GEBORENE ROGISTER
SCHOEN, KLUG UND ZAERTLICH,
GELIEBT, GESCHAEZT UND IZT BEWEINT
SIE STARB DEN 21. APRIL 1789. 23 JAHRE ALT, 3 JAHR IN DER EHE.

Über den grünen Klee gelobt

Ein guter Grabspruch ist's ...

Besser geht's nicht.

Einfallsreiche Lobpreisungen: vom Grabstein mit
Edelstein zu himmlischen Aushilfstätigkeiten

Diese Idee hat selbst schon eine Medaille verdient.

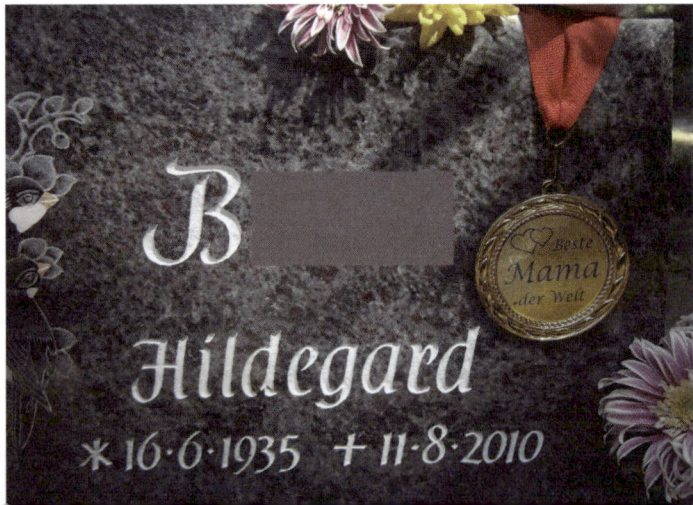

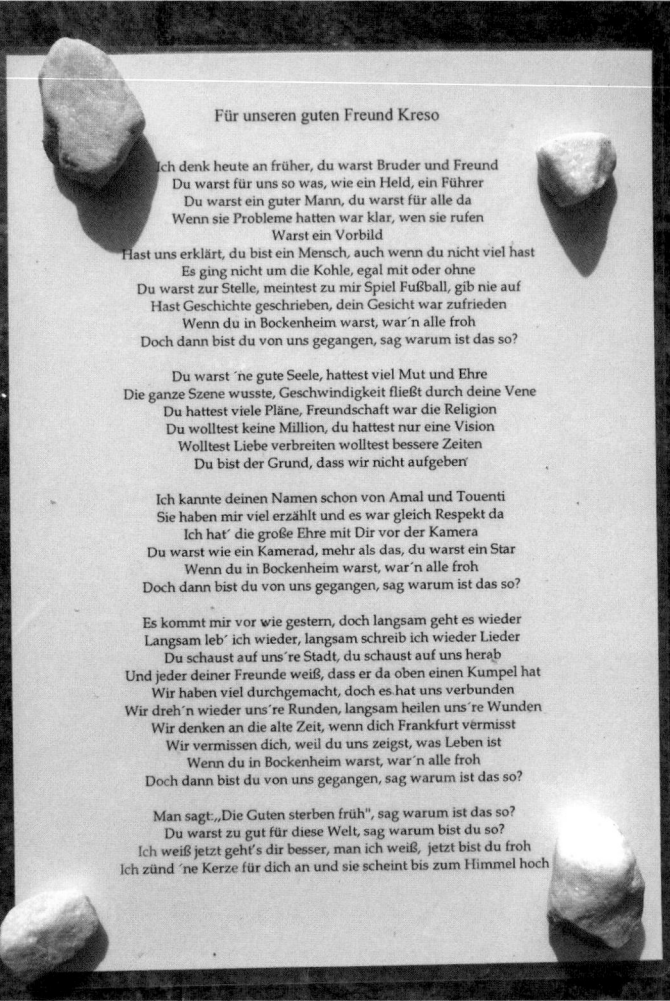

Ein Songtext als biografische Auskunft –
und ausführliche Würdigung

↕ Noch mehr Verherrlichung –
mit unterschiedlichen Worten,
aber gleichen Absichten

Bei manchen Lehrern spürt man, dass ihr Beruf ihre Passion war – wie diese anerkennenden, ja geradezu bewundernden Abschiedsgrüße beweisen.

Und noch mal: Lebensleistung Aufopferung

Es wird nicht immer nur der Verstorbene in den Himmel gehoben, sondern mitunter auch Menschen aus seinem Umfeld. Nicht Friedrich W. wird hier gelobt, sondern seine Eltern. Fast könnte man meinen, seine Lebensleistung bestünde darin, Sohn gewesen zu sein.

»Viele Hunde sind des Hasen Tod«
Mysteriöses

Für gewöhnlich gelingt es dem Betrachter auf dem Friedhof zu entschlüsseln, was auf Gräbern zum Ausdruck gebracht werden soll. Einige Grabmale wirken jedoch mysteriös und scheinen nur für Eingeweihte verständlich zu sein. Tatsächlich ist gegenwärtig eine gewisse Tendenz zur Verrätselung erkennbar. Mit dem Verweis auf Insiderwissen grenzt sich der engere Kreis der Hinterbliebenen nicht nur gegen Außenstehende ab, die das Leben der verstorbenen Person nicht oder kaum kannten. Überdies wird so eine Brücke geschlagen zu bestimmten Interessen oder Einstellungen, die des Rätsels Lösung beinhalten. (Manches Grab erhält seinen »Rätselcharakter« auch eher unfreiwillig.)

Die scheinbare »Zweckentfremdung« von Symbolen und die Verwendung von privaten Poesien sind ebenfalls eine Begleiterscheinung der Individualisierung. Die nachfolgenden Mehrdeutigkeiten machen die Toten einzigartig – und den zufälligen Besucher nachdenklich. Rätseln Sie mit, liebe Leser, und fahnden Sie nach des Pudels Kern! Aber hier gibt es keine Auflösung auf der letzten Seite ...

Was möchte uns Helmut K. mit diesem Motto der etwas anderen Art sagen? Vielleicht, dass der Sinn des Rätsels das Rätsel selbst ist.

Charlie Lima Echo
Victor Echo Romeo!

Ein erstaunliches Beispiel für positives Denken? Die Inschrift erlaubt verschiedene Lesarten ...

Lebensabschnitte als (Entwicklungs-)Stufen. Geburt und Tod sind ausgewiesen, wie man es kennt. Aber hier gibt es noch weitere Daten. Was dahintersteckt, bleibt ein Geheimnis. (Es sind vermutlich keine Fußballmeisterschaften gemeint – siehe Kapitel 5.)

Weniger Arbeit für den Friedhofsgärtner

Hier ruht zwar nicht Tarzan, aber dieser lautmalerische Abschiedsgruß erinnert durchaus an den König des Dschungels. Das Rätsel ist damit nicht gelöst, aber die Sinndeutung funktioniert – ob sie nun »stimmt« oder nicht.

Der 20. April – offenbar kein guter Tag für Familie I.

Esel trifft Motorrad: Das gibt's nur auf dem Bauernhof; oder aber – wo auch sonst? – auf dem Friedhof.

Grabsteine in Buchform kommen häufiger vor. Als offener oder auch verschlossener Band stellt sich so ein Lebenswerk dar. Diese Beispiele schlagen jedoch ein neues Kapitel auf.

Auch die Lupe bringt hier nicht mehr Durchblick.

Ich hab dich so lieb!
Ich würde dir ohne Bedenken
Eine Kachel aus meinem
Ofen schenken.

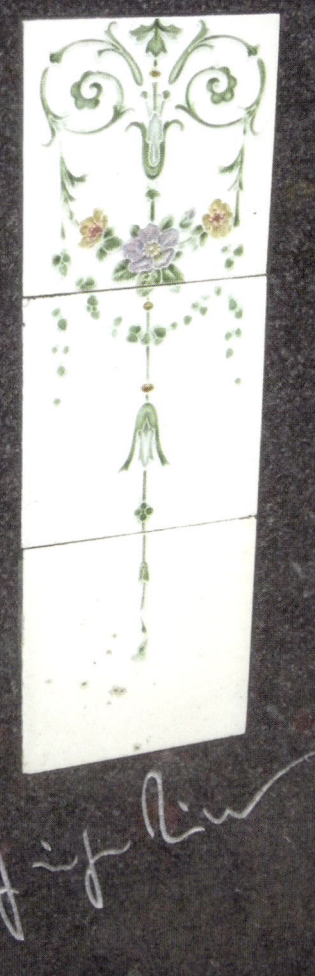

Größten Respekt bringen wir auch Familie G. entgegen für diese außergewöhnliche und gleichermaßen rätselhafte Bekundung.

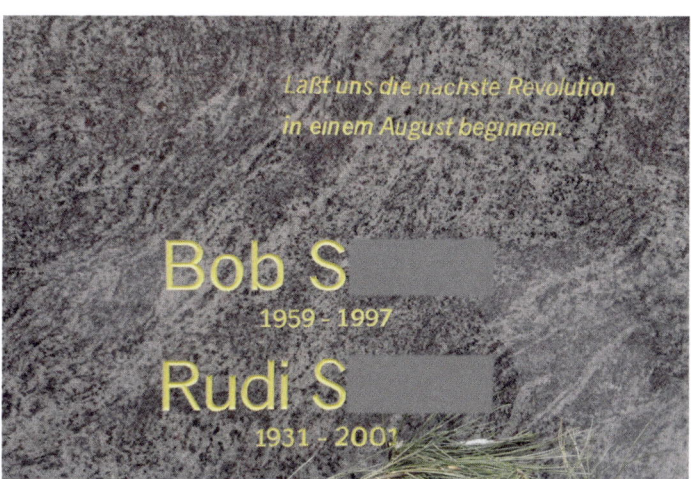

Vorteil: Dann sind die andern alle im Urlaub!

Moin Hinterbliebene!

»Denglisch« spielt als Trendsprache nicht nur in der Werbung eine Rolle.

»Alde Babbsack«
Der Name ist Programm

Der »Klassiker« der Grabsteininschriften ist der Name. Er fungiert auf dem Friedhof gewissermaßen als »posthume Signatur« der verstorbenen Person. Trotzdem besteht auch in Sachen Namensgebung, wiederum dank der Individualisierung, mittlerweile Gestaltungsspielraum. Vom Kosenamen über den Spitznamen bis hin zur Assoziation mit Tätigkeiten und Persönlichkeitsaspekten reicht das Namensrepertoire moderner Friedhofslandschaften. Besonders gerne wird beispielsweise die Nachbildung der Unterschrift zur Namensgebung des Grabsteins verwendet.

Wie im Alltagsleben, so sind auch hier manche Bezeichnungen liebevoller gemeint, als sie auf Anhieb klingen mögen. In anderen Fällen erfolgt eine Reduktion auf den Vornamen, die Initialen oder sogar nur auf einzelne Buchstaben; und manchmal verschwindet der Name ganz.

Man kann das Kind aber noch auf andere Weise beim Namen nennen, etwa im Hinblick auf lautmalerische Bedeutungen. Mitunter gilt sogar das Sprichwort »nomen est omen« buchstäblich – mal absichtlich, indem die Verbindung ausdrücklich hervorgehoben wird, und mal eher unfreiwillig, wie unsere letzten Beispiele zeigen.

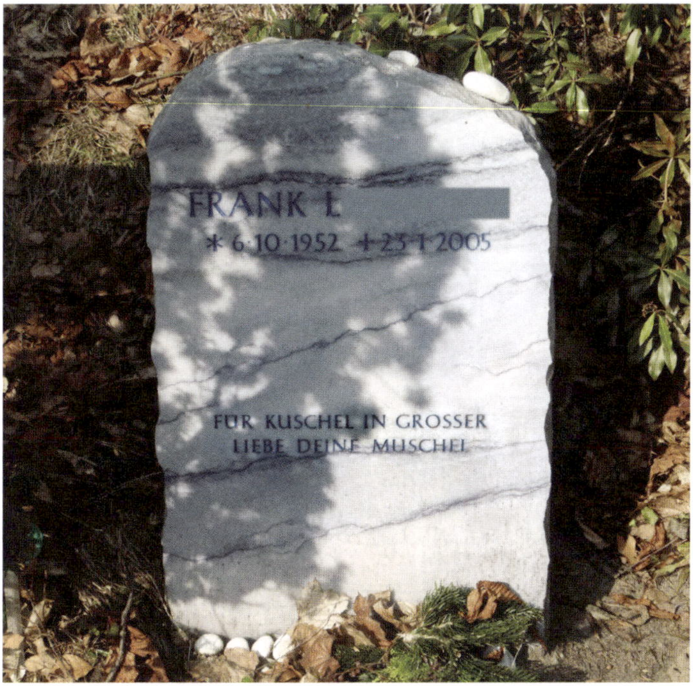
FRANK L.
* 6·10·1952 + 23·1·2005
FÜR KUSCHEL IN GROSSER
LIEBE DEINE MUSCHEL

Die gewählten Worte zeigen: Hier herrschen weder Kuddelmuddel noch Ungereimtheit.

mein lieber
Mann(e)
1941 – 2007

Manchmal genügen wenige Zeichen, damit Familienrolle und Spitzname zusammenfallen.

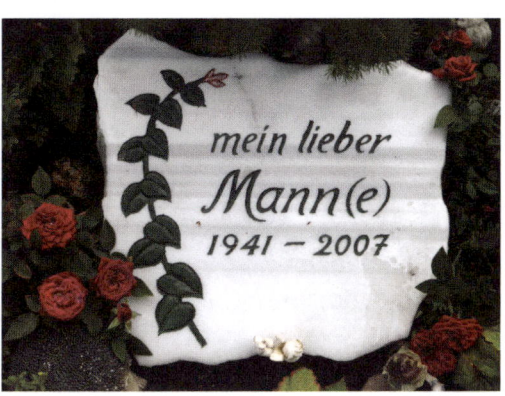

11 »Alde Babbsack«

Ein warmherzig gemeintes Schimpfwort, das vor allem die hessischen Leser erheitern wird.

Die Nennung des (eher untypischen) Spitznamens lockert die traditionelle Grabgestaltung durchaus auf.

Wie jemand zu seinem Pseudonym kommt,
ist nicht immer leicht zu erahnen.

Glorifizierung hat
einen Namen:
Mrs. Wonderful!

11 »Alde Babbsack«

Vorsicht, bissig?

Hier wird der Friedhof zum Obstgarten.

Von ausführlich bis lakonisch ist alles dabei. Zum Schluss schweigt sich das Grab sogar vollständig über den Namen aus. Die Botschaft scheint zu sein: Wer sie kennt, weiß, wer sie waren.

Der Name ist Programm

> **Train**
> **Klaus**   **Christa**
> ✳ 18. 10. 1925   ✳ 24. 12. 1927
> † 21. 3. 2006   † 24. 3. 2009

 Nomen est omen: Auch eine Art,
sich (s)einen Namen zu machen.

131

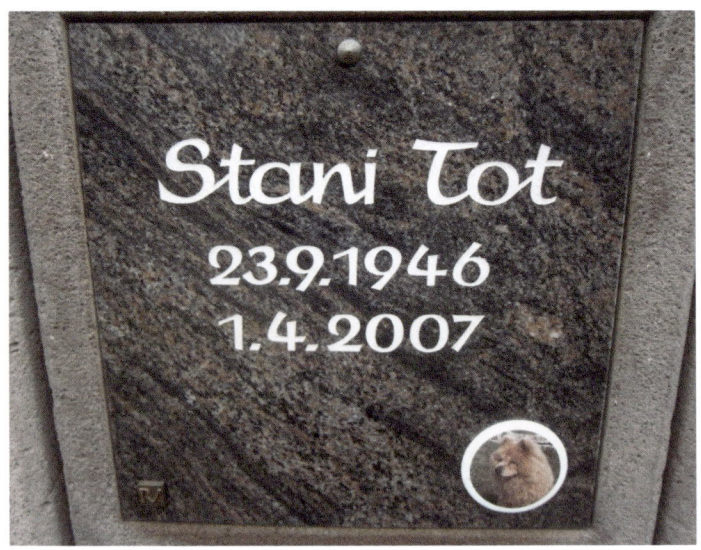

»Mein letzter Marathon«
Körpersprache(n)

Menschen werden als Körper angesprochen, weil man nun einmal *als Körper* auf der sozialen Bühne in Erscheinung tritt. Man *hat* einen Körper, und man *ist* zugleich ein Körper – im Leben und zuweilen auch danach, wie die Beispiele dieser Kategorie zeigen.

Der Friedhof ist beileibe nicht nur eine Aufbewahrungsstätte für Leichen. Zwar werden »Körperreste« hierhin ausgelagert, sie werden aber unsichtbar gemacht. Dafür treten buchstäblich *an ihrer Stelle* andere Körperbilder auf, die einen wesentlich »lebendigeren« Eindruck machen. Das ist zunächst keine Neuigkeit: Engelsstatuen, Marienfiguren und Jesus am Kreuz sind auf dem Totenacker alte Bekannte; es gibt sie in unzähligen Formen und Farben. Ein Trend jüngeren Datums besteht nun aber darin, in Bildern, Gravuren und Skulpturen an die Körper der Verstorbenen so zu erinnern, wie sie in ihrem Lebensalltag ausgesehen haben oder wie man sie sich (nachträglich) vorstellt. Sogar einzelne Körperteile kommen mittlerweile zu ihrem Recht, und manchmal sind es auch nur vage Andeutungen, Silhouetten oder symbolische Körperabbildungen, die die Gräber säumen.

12

Ein Leben »in Umrissen«: Der Körper ist unsichtbar – und trotzdem da(rgestellt).

Lauflust mit Leib und Seele: Wer im Leben Ausdauer bewies und einen langen Atem hatte, der hat die Totenruhe erst recht verdient.

Der Körperdarstellung geht das Finden der »richtigen« Pose voraus – und der passenden Ausdrucksform. In manchen Fällen nehmen es die Angehörigen sehr genau und wollen noch die feinsten Details berücksichtigt wissen. Im vorliegenden Beispiel nimmt die Figur eine Haltung ein, über die man streiten kann. Ist es ein Zögern, ein Warten oder Langeweile?

Eine andere Variante: Der *abstrakte* Körper. Hier sind die Insignien der Weiblichkeit durcheinandergewirbelt.

Kleider machen Leute …

12 »Mein letzter Marathon«

... es geht aber auch ohne.
So viel steht fest: Körper
können auch nach dem Tod
noch eine gute Figur machen.

Wie hier zu sehen ist, haben zeitgenössische Grabideen durchaus Hand und Fuß.

Im Leben trägt man viele Masken. Diese kommt ganz am Schluss.

Tatowierungen sollen gemeinhin Erlebnisse und Persönlichkeitsaspekte widerspiegeln. Der Körper wird dabei zur »Leinwand«. Es verwundert kaum, dass diese Körperflächen auf dem Friedhof hervorgehoben werden, denn auch hier steht zunehmend das Individuum mit seinen Einstellungen, Hoffnungen und Träumen im Vordergrund.

Körpersprache(n)

Zwei, die als eins verstanden werden wollen.

Auch wenn sie schon gestorben sind, so tanzen sie noch heute.

12 »Mein letzter Marathon«

Die Triumphe eines kurzen Lebens bündig zusammengefasst
in einer Nachbildung, die zum einen körperlich exakt ist,
zum anderen das Hobby in den Vordergrund rückt.
Die lebensgroße Figur bietet eine Begegnung mit einem
»Körperarrangement«, das einmal war und nicht mehr ist.

»Alles Scheiße«
Der Ernst des Lebens

Man konnte es sich schon denken: Wir haben während unserer Reise durch ungewöhnliche Gräberlandschaften nicht nur Fröhliches und Buntes, sondern auch viel Tragisches und Dramatisches gesehen. Vieles davon stimmt nachdenklich und macht betroffen. Das Ereignis des Todes wird nicht in jedem Fall verschleiert oder in Bildsprache eingekleidet, sondern durchaus ohne Umschweife bedauert und beklagt. Bisweilen werden sogar Todesursachen ausbuchstabiert. Diese Seite des Friedhofs soll hier, im 13. Kapitel, nicht verschwiegen werden – und auch sie weist bemerkenswerte Anblicke auf.

In den Zeiten, als die Religion noch stärker als Instanz der Welterklärung anerkannt war als heute, milderte die Hoffnung auf ein jenseitiges Wiedersehen die individuelle Trauer durch einen Schimmer des Trostes ab. Solche allgemeingültigen Vorstellungen haben in Zeiten der Individualisierung Konkurrenz bekommen. Mittlerweile treten auch Resignationsbekundungen, Verzweiflung, Unmut, ja sogar Zorn und Schuldzuweisungen im Friedhofskontext auf. Manche Lebensbilanz fällt überraschend ernüchternd aus, und auch die Gewissheit, dass es kein Wiedersehen gibt, ist kein seltenes Bekenntnis mehr.

Gegen die Endlichkeit des Lebens ist kein Kraut gewachsen.

Es geht nicht mit – aber auch nicht ohne.

Wer die Grenze überschreitet,
bestätigt, dass es sie gibt.

Abschiedsworte zwischen
Selbsterkenntnis und Poesie

Was braucht's der Worte mehr?

Der Grabstein als biografische Auskunft – inklusive (drastisch dargestellter) Todesursache.

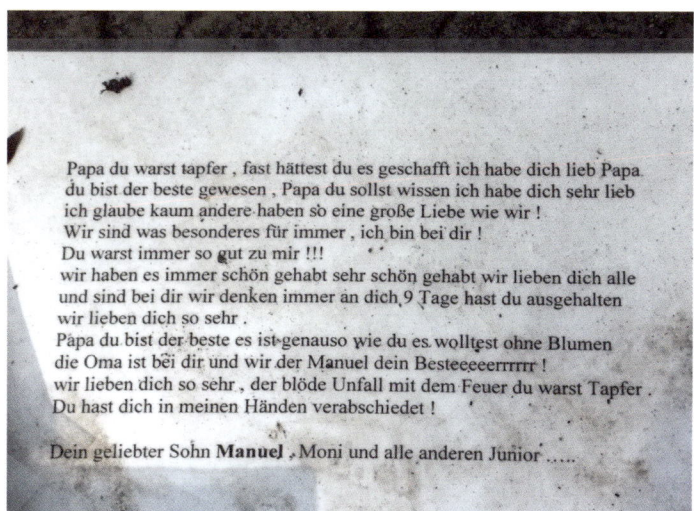

Intimer Abschiedsgruß, der die dramatischen Umstände des Lebensendes erahnen lässt

13 »Alles Scheiße«

Die Nennung der Todesursache ist auf dem Friedhof eher ein Tabu. Hier weitere bemerkenswerte Gegenbeispiele: ein Krankheitsschicksal – und eine politische Botschaft an der Grabstätte eines Hingerichteten

Mitunter werden auch Tötungsdelikte angedeutet.

Egal, wie lange es dauert – ein Menschenleben reicht nicht aus, um alle Ziele zu verwirklichen.

Eine Nachricht, die jemand liest, für den sie nicht bestimmt ist, gibt auf offene, ja intime Weise bekannt, was es heißt, wenn aus Zeiten der Nähe Zeiten der Ferne werden.

Kein Name, keine Lebensdaten, aber ein Bild. Hier steht der Schmerz im Vordergrund.

Nicht jedes Abschiedswort muss emotional sein – auch nüchterne Varianten sind vertreten.

»Wer soll uns jetzt beraten?«
(Wahl-)Verwandtschaften

Es mag Menschen geben, die sich im Leben auf den Tod nicht ausstehen konnten und die später dann doch friedlich beieinanderliegen. Ihre familiäre Beziehung macht's möglich.

Grabsteine haben, neben vielen weiteren Funktionen, immer schon die Aufgabe gehabt, Verwandtschaftsverhältnisse und andere soziale Verbindungen sichtbar zu machen. Das klassische Familiengrab ist heute nur mehr eine Variante unter vielen. Es gibt die Zweisamkeit von »Partnergräbern« und durchaus auch Ruhestätten für Singles. Und es gibt Inschriften, die die Verstorbenen zu bloßen Rollenträgern im Familien- oder Beziehungsgefüge machen, ohne weitere biografische Details zu benennen.

Ein anderer Trend ist das Hervortreten von freundschaftlichen Bindungen, Gesinnungsgemeinschaften oder Vereinsmitgliedschaften. Die posthume Wertschätzung macht deutlich, dass eine schmerzhafte Lücke entstanden ist. Sie ist indes auch eine Gelegenheit – natürlich stets aus einer *subjektiven* Sicht heraus –, das eigene Verhältnis zu der verstorbenen Person zu reflektieren.

Dem ist nichts hinzuzufügen. Aber wie Sie später sehen werden, haben andere Mütter auch schöne Gräber.

Nicht das Nutzungsrecht an den Eltern ist abgelaufen (allenfalls die *gemeinsame Zeit*), sondern das der Grabstätte. Die Folge: Kinder haften für ihre Eltern.

Hier ruht ein Allroundtalent.

Auf dem Friedhof gelten andere mathematische Gesetze.

Häufig macht der Tod ratlos –
hier sogar im wortwörtlichen Sinne.

Ersatzfamilien nehmen Abschied.

Wer auch immer hier liegt, wir lernen die Person nur als »Schatz« kennen. Aber wir verstehen, dass allein dadurch schon viel gesagt ist.

Die Verhältnisse sind deutlich geklärt.
Von wegen »Bis dass der Tod euch scheidet …«.

Erkennen Sie den Stil?

Maren hält sich noch offen, wer später einmal neben ihr liegen wird – aber dass da noch jemand kommt, daran lässt dieser Grabstein keinen Zweifel.

 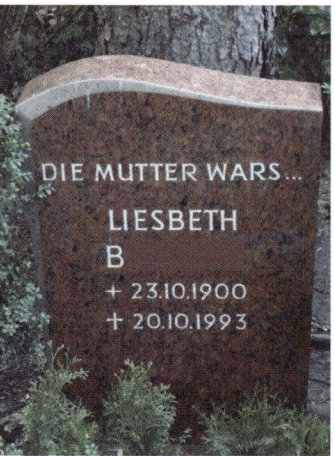

Die einen kommen mit mehr, die anderen mit weniger Informationen aus.

Rollenzuschreibung – oder Todesursache?

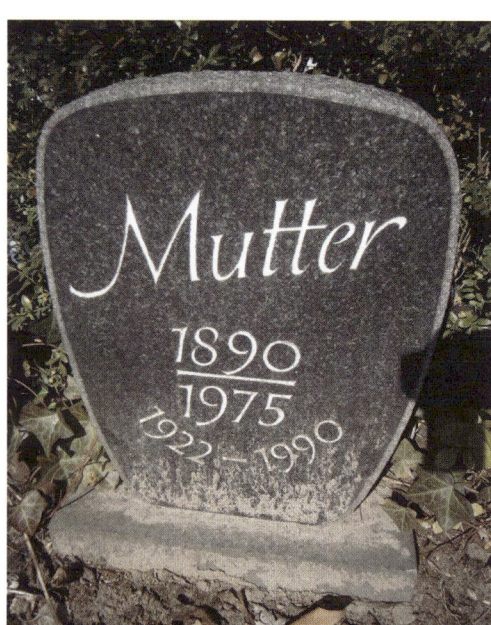

Platzsparen auf dem Totenacker: eine Bezeichnung, zwei Leben

Über die Rolle der Mutter ist man sich bislang offenbar nicht ganz einig.

»Victorias Briefkasten«
Die letzten Dinge

Das letzte Pfeifchen ist geraucht, der letzte Kegel ist gefallen, das letzte Paar Schuhe geschnürt, das letzte Bier gezischt ... Es gibt Gräber, die fast ganz ohne Objekte auskommen – und es gibt solche, die mit Gegenständen geradezu überladen sind. Dabei handelt es sich traditionell um Trauerbeigaben, Blumenschmuck und anderes symbolträchtiges Material. Zunehmend zieren nun aber auch solche Objekte die Grabmale, die zu Lebzeiten als Alltagsgegenstände benutzt wurden oder den »Originalen« nachempfunden sind. In manchen Fällen fungieren diese Dinge als Symbolträger, welche die Aufgabe haben, die Welt der Lebenden mit der Sphäre der Toten zu verbinden, etwa durch das Ablegen von Nahrungs- und Genussmitteln.

Zu den »letzten Dingen«, die auf dem zeitgenössischen Friedhof auftauchen, gehören Objekte, die eindeutig der rituellen Trauerarbeit dienen, und auch solche, mit denen nicht unbedingt zu rechnen gewesen wäre. Ihre »Handgreiflichkeit« teilt oftmals mehr mit, als eine bloße Grabinschrift transportieren kann. Manche Grabsteine werden durch ihre Gegenstände sogar »interaktiv«, weil sie den Besuchern erlauben, sich »einzubringen« – wie unser erstes Beispiel verdeutlicht.

15

Was ist der Unterschied zwischen Kneipe und Friedhof? Hier darf geraucht werden.

Zu sagen, die Würfel sind gefallen,
wäre wohl etwas abgedroschen.

Viele am Grab abgelegte Gegenstände dienen als
Erinnerungsanker – manchmal auch wortwörtlich.

Speichermedium Friedhof:
Schallplatte – Festplatte – Grabplatte

Sportgeräte nach ihrem letzten Einsatz – und immer noch in »Gebrauch«

Was schmückt den Bestattungsort schöner, Skateboard oder Fotoalbum? Warum nicht beides auf einmal.

Hier werden alle Geschütze aufgefahren, aber für ein echtes war die Grabplatte wohl nicht groß genug.

Von einem Tank zum anderen. Dieses
Grab darf nur bleifrei gegossen werden.

Grabplatte betreten verboten!
Aber hier ist eine Ausnahme gestattet.

Zwei Kästen, zwei Umgangsformen: Der Briefkasten macht auch nach dem Tod »ansprechbar«, der Geigenkasten verweist auf das vorherige Leben.

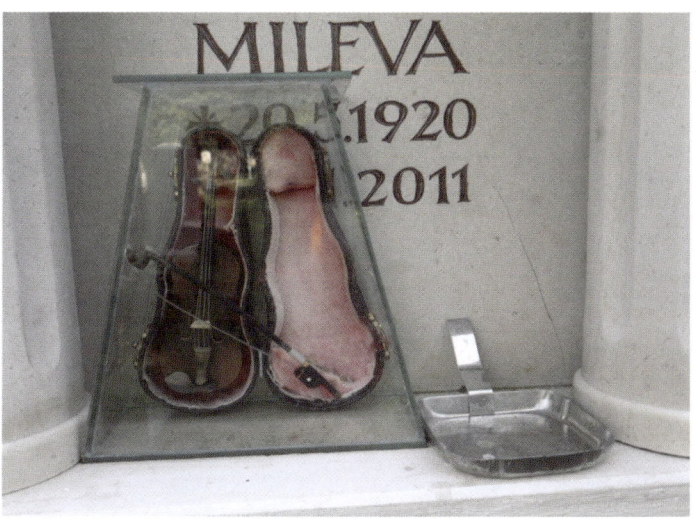

Warum immer nur *auf* den Verstorbenen anstoßen – und nicht mit ihm? Prost!

»Wer singt, darf in den Himmel gehn« Der Sound des Abschieds

Ein Himmel voller Geigen? Ob es im Jenseits Musik gibt oder nur Klänge der Stille, ist nicht weiter bekannt. Dank der zunehmend populärer werdenden Tendenz, Hobbys von Verstorbenen an ihren Grabstätten darzustellen (siehe Kapitel 3), sind auch musikalische Bezüge auf dem Friedhof kein gewöhnungsbedürftiger Anblick mehr. Auch hier gibt der soziale Wandel den Takt vor. Der Vorteil ist, dass man sich die Ohren nicht zuhalten muss, denn bei diesen »Konzerten« bleibt die Totenruhe gewahrt.

Auf Grabsteinen lassen sich mittlerweile sämtliche »Einzelbestandteile« des klassischen Orchesters auffinden – und noch einige weitere Musikinstrumente. Hinzu kommt, dass der Violinschlüssel unter den Ersatzsymbolen, die das klassische Kreuz verdrängen, mit am weitesten verbreitet ist. Selbst auf Dorffriedhöfen gehört er mittlerweile zum guten Ton. Ganz zu schweigen von beliebten Melodien, die in Wort (und Noten) ihren Auftritt haben. Den Auftakt macht aber die Opernbühne.

16

Vorhang auf! »All the world's a stage«, wusste schon Shakespeare – und dieser Grabstein verleiht dem Gedanken eine besondere Note.

Was musikalisch geprägte Abschiedsworte betrifft, ziehen Angehörige mittlerweile alle Register.

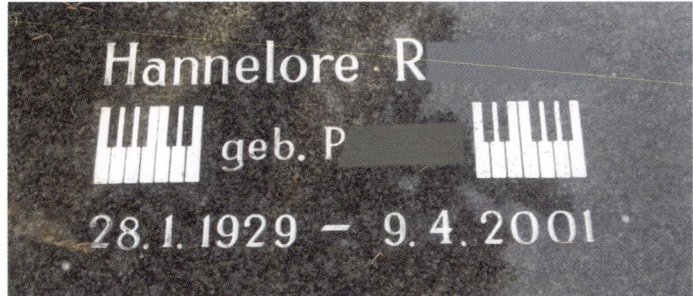

In einem Kapitel über Musik möchten wir uns natürlich nicht an Lokalpolitik heran»tasten« – obwohl ...

16 »Wer singt, darf in den Himmel gehn«

Das dreidimensionale Symbol einer Freizeitbeschäftigung: die E-Gitarre und ihr Performer

Der Sound des Abschieds

Grabstein als Bühne: Hier ist die Metapher noch anschaulicher.

16 »Wer singt, darf in den Himmel gehn«

Im Himmel wird nicht nur Harfe gespielt – es gibt auch Transkriptionen für Schlagzeug.

Mehr im Einklang mit dem sozialen Wandel als Bob Dylan kann man nicht stehen.

Man kann mutmaßen, dass der Verstorbene selbst gerne die Mundharmonika gespielt hat – vielleicht auch Anfang der 1970er-Jahre, als der Schlager über den »Jungen mit der Mundharmonika« von der Flucht aus der Traurigkeit erzählte.

Wenn ein Leben ausklingt, bietet der Musikbereich viele Möglichkeiten für innovative Grabkompositionen.

Mein lieber Herr Gesangsverein! Für Unmusikalische wird's an der Himmelspforte offenbar eng.

Hier spielt die Musik!
Lehnen Sie sich zurück,
liebe Leser, und lauschen
Sie unserer Friedhofs-
philharmonie. Und wie
jedes Orchester braucht
auch sie ihren Dirigenten.
Seine Handhabung
verspricht Taktgefühl.

Sonaten für Harfe und Trompete sind selten – aber
diese beiden haben es trotzdem zum Duett gebracht.

Der Sound des Abschieds

Zunächst möchten wir das Programm ausposaunen: im ersten Teil Modest Mussorgsky, »Lieder und Tänze des Todes«, und Joseph Haydns Abschiedssymphonie. Nach der Pause: György Kurtág, »Grabstein für Stephan«, Richard Strauss, »Tod und Verklärung«, als Zugabe: Johann Strauß, »Abschiedswalzer«

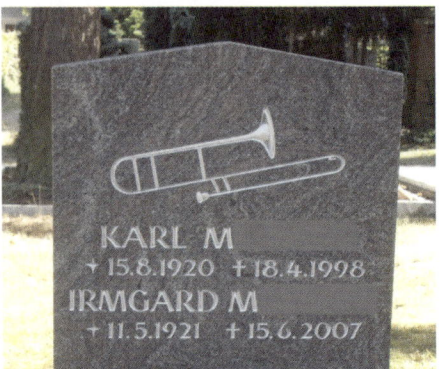

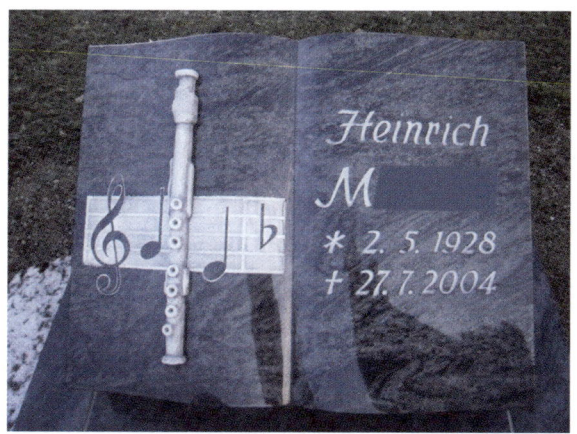

Was Grabgestaltungen betrifft, wird offenkundig nicht mehr nur ins gleiche Horn geblasen.

Bitte nur gedämpften Applaus!

Und das Ende vom Lied: Manch einer möchte mit einem Paukenschlag aus dem Leben treten ...

... andere bevorzugen dagegen eher leisere Töne.

»Artur, spuke nicht«
Die Welt der Fantasiewesen

Sehr viele der Grabsteine in diesem Buch sind Produkte kreativer Gestaltungsideen. Man kann aber auch direkt Fantasiewesen für sich sprechen lassen: Figuren aus der Populärkultur und Medienwelt, aus Fabeln, Märchen und Mythologien. Sie begegnen einem zwar nicht unmittelbar in Alltagszusammenhängen, treten aber als künstliche Schöpfungen in Erscheinung und erobern auf diese Weise die Herzen.

Es mag überraschen, aber die entsprechenden Gestalten werden von Vertretern aller möglichen Altersschichten lieb gewonnen. Diese Bandbreite spiegelt sich auch in ihrer Verwendung als Grabsteinmotive wider. Die Idee, ein Grab mit einem Fantasiewesen zu schmücken, ist einerseits alt und andererseits neu. Der Engel darf in dieser Hinsicht gewiss als Vorläufer der bunten Schar gelten, die nachfolgend vorgestellt wird.

Auch imaginäre Kreaturen geben über Lebenswelten Auskunft, wenngleich eher in symbolischer Form, zum Beispiel als »Umweg« über die Helden der Kindheit, an die man sich auch später noch warmherzig erinnert – und die am Grabstein somit selbst zu »Erinnerungsträgern« werden.

Das Einhorn blickt auf eine lange mythologische Karriere als besonders edles und gütiges Fabelwesen zurück. Sein Auftritt im Friedhofsensemble könnte eine Verbindung zu diesen Eigenschaften signalisieren – und/oder eine Verbundenheit mit dem märchenhaften Hintergrund eines Tieres, das keines ist.

Grüße von Anubis, der ägyptischen Gottheit der Toten!

Noch weiter zurück in die Vergangenheit versetzen uns diese Flugsaurier – eine Grabgestaltung, wie gemacht für einen Jurassic-Parkfriedhof.

Tränen lügen nicht – selbst wenn sie von keinem Geringeren als Pinocchio vergossen werden.

Ob Mecki oder Mickey: Figuren der Populärkultur erobern die Friedhofslandschaften.

Grisu, der kleine Drache, wollte stets Feuer löschen und hat es stattdessen entfacht. Trotz dieser Missgriffe hat er es auf diesen Grabstein gebracht.

Ruhestätte im doppeldeutigen Sinne: der Grabstein als Drachennest

Vicco von Bülow sagte einmal: »Heiterkeit ist ohne Ernst nicht zu begreifen.« Das dachten sich wohl auch die Angehörigen von Günther R., die ihm eine Loriot-Figur auf den Grabstein setzten.

Nach allem, was Sie bis hierhin schon gesehen haben, dürfte Sie ein Bär im Jackett nicht mehr sonderlich überraschen.

Ein schräger Grabstein – im wahrsten Sinne des Wortes. Ob Artur R. (im Rahmen seiner Märchenerzählungen, die auch seinen eigenwilligen Spitznamen begründeten) zu Lebzeiten angekündigt hat, spukend zurückzukehren, ist nicht überliefert. Die Hinterbliebenen scheinen jedenfalls auf Nummer sicher gehen zu wollen.

Tierkörper und Menschenporträt

Goodbye Kitty.

»Route 66«
Letzte Ausfahrt Friedhof

Der Tod macht ratlos – aber offenbar nicht radlos. Für viele Menschen ist ihr Auto nicht nur ein Fortbewegungsmittel, sondern ein Identifikationsobjekt. Ästhetik, Leistung, Marke, Preis usw. werden verwendet, um einem bestimmten Status Ausdruck zu verleihen. Mediendarstellungen, etwa in der Werbung, greifen diesen Zusammenhang auf und sprechen weniger von Pferdestärken und Verbrauch als von Freiheit, Ungezwungenheit, Lebendigkeit und Selbstverwirklichung. Mit solchen Verweisen fährt man auch inmitten moderner Grabreihen gut – und nicht einmal mehr auf dem Friedhof Flensburg drohen noch Strafpunkte. Kein Wunder also, dass die Nekropole mittlerweile explizit als letzte Ausfahrt eines motorisierten Lebens angesteuert wird.

Es sind nicht nur Pkws, mit denen man das finale Fahrtziel erreicht. Ob das Leben nun rasant abgelaufen ist oder eher in beschaulichem Tempo, auf dem Friedhof macht die Wahl des Fahrzeugs keinen Unterschied mehr: Nach dem Tod sind wir alle höchstens noch »Geisterfahrer« – und die Engel, die einem dann begegnen, sind vermutlich nicht mehr gelb. Unser kleiner Fuhrpark belegt, welche unterschiedlichen Vorlieben Fahrerinnen und Fahrer zu Lebzeiten hatten, bevor der Tod sie ausgebremst hat. Schnallen Sie sich an, liebe Leser, es geht los!

Hier ruht in Frieden: K-MB 4302. Das könnte man zumindest meinen, wenn man die Anordnung der Grabsteinbilder betrachtet: Die Familie steht am Rand. Im Zentrum, umringt von Englein und Sternchen, ist der Wagen geparkt. Das Familienfahrzeug darf also »mit« ins Familiengrab.

Wie sehr Mobilität und Mortalität in den Augen mancher Zeitgenossen offenbar zusammen gehören, zeigen auch die weiteren Beispiele.

Fast 4000 Kilometer misst die legendäre »Route 66«, und auch wenn sie längst nicht mehr durchgängig befahren werden kann, gilt sie noch immer als Inbegriff des US-amerikanischen Mythos von der grenzenlosen Freiheit in alle Himmelsrichtungen, räumlich und gedanklich. So gesehen, eignet sich der Verweis auf die Fernstrecke hervorragend als vielschichtiges Emblem an einer Urnengrabstätte: Sie beschreibt einerseits eine Lebenseinstellung und steht andererseits für die unüberschaubaren Wege, die während des Lebens beschritten werden.

Auf dieser Strecke droht kein Stau mehr.

Ganz gleich, ob man ein Leben auf der Überholspur geführt hat oder ein paar Kurven mehr nehmen musste: Der Tod holt alle ein.

Das Auto ist nicht nur ein Lifestyle-, sondern auch ein *Deathstyle*-Element. Hier teilt sein Auftritt auf dem Grabstein etwas über die charakteristischen Interessen des Verstorbenen mit. Obwohl der Fahrzeugtyp ein Kollektivgegenstand ist, der über individuelle Einstellungen auf den ersten Blick nichts auszusagen scheint, wird doch deutlich, dass es um ein persönliches Werteverständnis geht: Das Auto hatte einen wichtigen Rang im Leben, es bleibt daher auch danach »erhalten«.

Gert R. bog »erfolgreich« auf die Zielgerade seines Lebens ein.

Raten Sie mal: Was hat diese Urnenplatte mit dem Hockenheimring zu tun?

Reise(bus) ohne Wiederkehr

Für sein letztes Reiseziel brauchte Klaus H. den Campingwagen nicht mehr.

Auf Einäscherungen folgt immer häufiger die Urnenwand. Hier haben wir also eine Feuerbestattung für einen Feuerwehrfreund.

Egal auf wie vielen Rädern, irgendwann treten wir alle die Himmelfahrt an.

Kultur bedeutet dem Wortsinn nach Ackerbau.
Und hier trifft Agrarkultur auf Bestattungskultur:
Sollte der Totenacker einmal umgepflügt werden
müssen – der Traktor ist schon vor Ort.

Zuspätkommen ausgeschlossen: Die letzte
Sonderfahrt hat noch keiner verpasst.

»Mein ist die Rache«
(Fast) ohne Worte ...

Schweigen ist eine Tugend – und Bilder sagen bekanntlich mehr als tausend Worte. Daher geht es nun ohne große Umschweife weiter. Den einen oder anderen Kommentar konnten wir uns dennoch nicht verkneifen. Bei manchen Motiven jedoch verschlägt es einem die Sprache ... oder haben Sie an dieser Stelle mit einem halben Männertorso in einem Jeep und einem Hund über den Schultern gerechnet?

19

Das Grabma(h)l ist angerichtet!

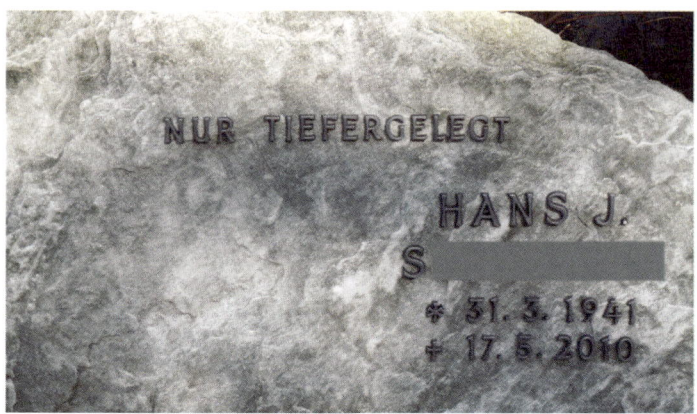

Bringt die Situation des toten Körpers auf den Punkt.

Man kann es ihm nicht verübeln.
Formvollendete Manieren über den Tod hinaus!

Sie ist nicht mehr da – hat aber noch Empfang.

(Fast) ohne Worte …

Die Katze kennt das Spiel schon.

My bunny is over the ocean.

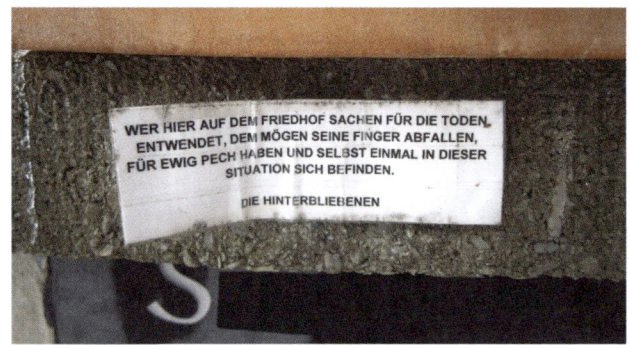

Diebstähle an Gräbern sind leider keine Seltenheit – aber Vorsicht, die Strafen sind drakonisch!

(Fast) ohne Worte ...

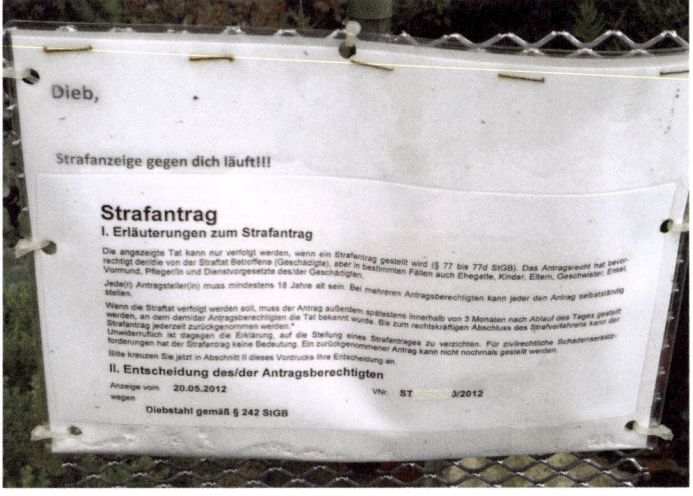

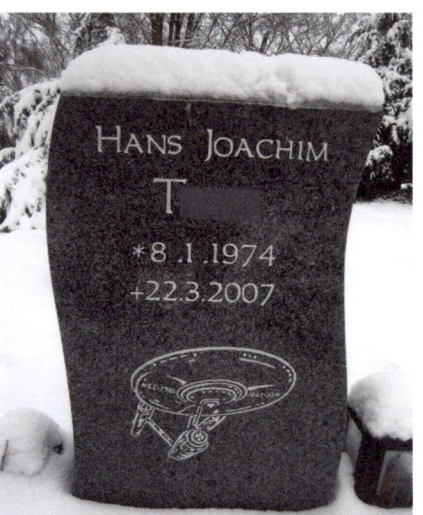

To boldly go where many have gone before …

(Fast) ohne Worte …

Auch ein Weg, in den Himmel zu kommen

19 »Mein ist die Rache«

Ein Bibelzitat, das aber auch auf innerfamiliäres Konfliktpotenzial hinweisen könnte

This is her heaven.

Sherlock Holmes ist für das Auffinden von
Spuren bekannt. Hier hinterlässt er eigene.

Mit dem Tod ist immer zu rechnen.

Ein wahrhaft rührender Grabstein. Wer weiß, welche Klänge man den Gitarrensaiten mit dem Schneebesen entlocken kann.

Dieser Grabspruch tanzt auf dem Friedhof buchstäblich aus der Reihe.

Die Grabstätte als Hoheitsgebiet beschlagnahmt ...

... oder als längst »verlassener« Ort

19 »Mein ist die Rache«

PORCUS MORTUUS

NAPOLEON S
Schriftsteller, Videonaut, Psychologe, Lebemann

In der Pfalz geboren, seit 1980 in Berlin lebend, liebend, sterbend.
Autor von "*Schweine müssen nackt sein*"
und anderer illustrer Werke

"Ich bin gestorben, wie ich gelebt habe –
über meine Verhältnisse !"

*25.4.1979 + 7.3.1998

US POMENA
OD MAKE NADE

US POMENA
OD OČA ZIVORADA

(Fast) ohne Worte …

Offline

Aus die Maus

»Wir vermissen euer Schnurren«
Freunde mit Fell

Zum krönenden Abschluss lassen wir die Katze aus dem Sack: Wer die ergreifendsten, emotionalsten und menschlichsten Abschiedsworte auf Grabsteinen lesen will – der muss heutzutage auf einen Tierfriedhof gehen.

Bei der folgenden Bilderschau könnte man meinen, dass mit manchen »Angehörigen« ein wenig die Pferde durchgegangen sind. Tatsächlich handelt es sich um eine Art nachträgliche Vermenschlichung der geliebten Vierbeiner, die darauf zurückgeht, dass das Haustier für viele den Rang eines Freundes, ja eines Lebenspartners einnimmt (siehe Kapitel 6). Anders gesagt: Tiere sind auch nur Menschen. Deshalb überrascht es nicht, wenn auf Tierfriedhöfen viele bekannte Elemente der Menschenfriedhöfe wiederkehren – und oft sogar verstärkt und überspitzt. Ein Besuch auf dem Tierfriedhof ist also nicht (nur) für die Katz'. Hier erfüllen die Abschiedsgrüße die interessante Funktion, dass Hinterbliebene sich selber trösten, indem sie sich vordergründig an ihre treuen Gefährten wenden. So wird auch der »Friedhof der Kuscheltiere« insgeheim zum Spiegel eigener Sehnsüchte, Wünsche und Hoffnungen.

BONUSTRACK

dein Kater

Die Mäuse sehen das wahrscheinlich etwas anders.

Bei »sanft« und »rasant« handelt es sich um Attribute,
die auf Menschengräbern eher selten zu finden sind.
Sie eignen sich jedoch für die Charakterisierung von Tieren.
Tiere geben Menschen emotional Resonanz und gelten als
»Kommunikationspartner« mit eigenwilligen Eigenschaften.

Einige Tiere sind von blauem Blut ...

... andere schaffen es nur ins Königreich der Herzen.*

* Schon Karl Marx enthüllte in der *Kritik der Hegelschen Rechtsphilosophie*: »Das Geheimnis des Adels ist die Zoologie.«

Dem uneingeweihten Betrachter gibt »Opa« Rätsel auf.

Manche Tiere gehen nicht einfach –
sie gehen mit der Mode ...

Ein »Mutterherz« nimmt Abschied.

Danke für die Blumen! Philou freut sich gewiss über die Abschiedsbriefe – aber ein Knochen wäre ihm wohl noch lieber gewesen.

Leos Lebensleistung kann sich sehen lassen: Er hat mehr »Menschlichkeit« bewiesen als mancher Zweibeiner.

Kein Wolf im Schafspelz, sondern ein Bär im Hundefell? Warum nicht.

Er kam, sah und bellte.

Sind viele Hunde tatsächlich des Hasen Tod? Bei Henry und Spike stellt sich die Frage nicht mehr, denn sie knabbern ihre Möhren längst schon im Tierhimmel.

Der Weihnachtsmann ist bekannt wie ein bunter Hund – und jetzt wissen wir auch, wo er sich den Rest des Jahres über aufhält.

»Called to rest from a hobby called science« Nachwort

Es erscheint seltsam, am Schluss eines Buches über Friedhöfe und Grabstätten zu betonen, dass man nun am Ende angekommen ist. Denn was die Bilder in den vorangegangenen Kapiteln verdeutlichen sollten, ist, dass es irgendwo, für irgendwen, immerzu ein Ende gibt – auch genau jetzt, in diesem Augenblick. Unsere Reise über heutige Friedhofslandschaften kann vielleicht ein wenig dazu beitragen, das Wissen von der Endlichkeit sozialer Beziehungen und gesellschaftlicher Verpflichtungen zu schärfen.

Natürlich machen die Gräber, die in diesem Buch abgebildet sind, nur einen kleinen Teil dessen aus, was die Friedhöfe im (nicht nur) deutschsprachigen Raum kennzeichnet. Wir haben uns auf unserer Suche nach dem Individuellen inmitten der »Stadt der Toten« auf jene Begräbnisstätten konzentriert, die aus der Reihe tanzen. Daneben gibt es sie nach wie vor, die eher nüchternen und monotonen Grabreihen, und in den meisten Ortschaften dominieren sie noch immer das Friedhofsbild. Die »Verwandlung« verläuft gemächlich. Wie bei so vielen gesellschaftlichen Trends, sind auch in Sachen Individualisierung die großen Metropolen Vorreiter, und die dörflichen Regionen ziehen, wenn überhaupt, nur allmählich nach; aber auch von dort stammt so manche unserer Bild-Perlen. Wir denken, dass sich die Tendenzen, auf die unsere Beispiele hinweisen, immer weiter durchsetzen werden. Denn eines ist todsicher: Gestorben wird immer. Und sowohl die Sterbenden als auch ihre Hinterbliebenen werden sich dem sozialen Wandel nicht verschließen können, sondern ihn in ihren Lebens- und Sterbensalltag aufnehmen.

Dieser Themenbereich wird früher oder später wohl für jeden Menschen einmal relevant werden, auch wenn viele sich scheuen, dem Tod Platz in ihren Gedanken einzuräumen, und davor zurückschrecken, sich auszumalen, »was wäre, wenn X stirbt?« (erst recht, wenn der Platzhalter für einen selbst steht). Das ist auch für die Wissenschaft bedeutsam, der wir uns nicht nur als Hobby, sondern als Beruf verschrieben haben – wenngleich bei dem Projekt, das diesem Band zugrunde liegt, beides irgendwann nicht mehr zu trennen war.

Unser Buch mag Sie faszinieren, unterhalten, erschrecken, erheitern oder trösten – die Lesart bestimmen Sie. Uns geht es darum, zum einen das zu zeigen, was möglich ist, und die Vielfalt dessen darzustellen, was Menschen heutzutage errichten (und für sich errichten lassen), wenn auf die Lebenszeit die Todeszeit folgt. Unser Anliegen ist es aber auch, ein wenig Beihilfe zur Inspiration zu liefern. Wenn Leserinnen und Leser nach der Lektüre künftig Friedhöfe mit anderen Augen sehen und wenn manche von ihnen sogar den Wunsch verspüren, selbst auf einzigartige Formen zurückzugreifen – dann hat sich unser Aufwand gelohnt.

Die Deadline für das Manuskript haben wir gerade so ein-

Manchmal wird aus der Wissenschaft ein Hobby – darauf weisen sogar schon Grabsteine hin.

halten können, einige vielversprechende Ideen sind im Prozess der Buchentwicklung leider gestorben, und bei manchen Einfällen warf der Lektor ein: »Nur über meine Leiche!« (Er lebt noch.) Aber wir haben es dann doch geschafft, die Monate der Zusammenarbeit mit einer Mixtur aus Forscherneugier und anerkennender Bewunderung für die Kreativität zu bestreiten, auf die wir gestoßen sind, und haben uns bei alldem sozusagen ergänzt wie Sarg und Deckel. Auf gewisse Weise stehen wir immer noch am Anfang, denn es gibt auf Friedhöfen noch viele Geheimnisse und Geschichten zu entdecken. Ob dies nun eine Drohung oder ein Versprechen ist, mögen Sie entscheiden, liebe Leserinnen und Leser.

Unsere letzten Worte lauten an dieser Stelle: Gehen Sie öfter auf den Friedhof. Halten Sie Ausschau nach den Spiegelungen des Lebens an diesem vermeintlichen Ort des Todes, der in Wahrheit von den Lebenden und für die Lebenden errichtet worden ist. Und wer weiß, vielleicht begegnen wir uns dort einmal – auf die eine oder auf die andere Weise ...

Wissenschaftliche Veröffentlichungen der Autoren zum Themenbereich Trauer, Sterben, Friedhof, Tod:

Thorsten Benkel = TB, Matthias Meitzler = MM

Bücher:

Sinnbilder und Abschiedsgesten. Soziale Elemente der Bestattungskultur, Hamburg 2013 (TB/MM)

Die Verwaltung des Todes. Annäherungen an eine Soziologie des Friedhofs, Berlin 2012 (2., überarbeitete Auflage 2013) (TB)

Soziologie der Vergänglichkeit. Zeit, Altern, Tod und Erinnern im gesellschaftlichen Kontext, Hamburg 2011 (MM)

Aufsätze und kleinere Beiträge:

Trauer und Transzendenz. Das gemeinschaftsstiftende Potenzial von Begräbnisritualen, in: Martina Löw (Hg.): Vielfalt und Zusammenhalt, Frankfurt am Main 2014 (im Erscheinen) (TB/MM)

Feldforschung im Feld der Toten. Unterwegs in einer Nische der sozialen Welt, in: Jo Reichertz/Angelika Poferl (Hg.): Wege ins Feld. Methodologische Aspekte des Feldzugangs, Essen 2014 (im Erscheinen) (TB/MM)

Todesrituale. Zur sozialen Dramaturgie am Ende des Lebens, in: Robert Gugutzer/Michael Staack (Hg.): Vergemeinschaftung durch rituelle Verkörperung. Zur körperlichen Performanz kollektiver Identität, Wiesbaden 2014 (im Erscheinen) (TB)

Das Leben als Statue. Körperdarstellungen auf Friedhöfen, in: Stein. Zeitschrift für Naturstein, Jg. 129 (2013), Heft 11, S. 50–57 (TB/MM)

Das Sterben der anderen. Trauer – Gesellschaft – Öffentlichkeit, in: Zeitschrift für Bestattungskultur, Jg. 65 (2013), Heft 9, S. 14–15 (TB)

Der (un-)sichtbare Tod. Sterblichkeit zwischen Alltagsverdrängung und Medienpräsenz, in: Zeitschrift für Bestattungskultur, Jg. 65 (2013), Heft 9, S. 16–18 (MM)

Kultur der Moderne: Grabmale als Spiegelbild, in: Zeitschrift für Friedhofskultur, Jg. 103 (2013), Heft 4, S. 30–32 (TB/MM)

Der Tod ist eine schmale Linie. Sterblichkeit im Blickwinkel der Medizin, in: Zeitschrift für Bestattungskultur, Jg. 65 (2013), Heft 4, S. 8–10 (TB)

Bilder der Erinnerung. Vom Gedächtniswissen zur Festschreibung durch Fotografie, in: René Lehmann/Florian Öchsner/Gerd Sebald (Hg.): Formen und Funktionen sozialen Erinnerns. Sozial und kulturwissenschaftliche Analysen, Wiesbaden 2013, S. 131–151 (TB)

Stein und Zeit. Der Wandel der Grabästhetik, in: Stein. Zeitschrift für Naturstein, Jg. 129 (2013), Heft 3, S. 46–54 (TB/MM)

Die Todesanzeige im Spiegel des sozialen Wandels, in: Zeitschrift für Bestattungskultur, Jg. 64 (2012), Heft 10, S. 18–20 (MM)

Traueranzeige und Grabinschrift. Zwei Formen emotionaler Bekenntnisse, in: Zeitschrift für Bestattungskultur, Jg. 64 (2012), Heft 10, S. 14–16 (TB)

Tot sind immer nur die anderen. Das eigene Lebensende zwischen Sterblichkeitswissen und Nicht-Erfahrbarkeit, in: Soziologie-Magazin, Jg. 5 (2012), Heft 1, S. 22–38 (MM)

Im Zeichen der Individualisierung, in: Zeitschrift für Bestattungskultur, Jg. 64 (2012), Heft 1, S. 24–26 (TB)

Wenn einer stirbt. Die Professionalität der Todesverwaltung, in: T. Benkel, Die Verwaltung des Todes (s.o.), S. 15–39 (MM)

An den Rändern des Sozialen. Lebensweltaspekte zwischen Verdrängung und Alltagsrelevanz, in: M. Meitzler, Soziologie der Vergänglichkeit (s. o.), S. 7–14 (TB)

Der subjektive und der objektive Tod. Ein Beitrag zur Thanatosoziologie, in: Psychologie und Gesellschaftskritik, Jg. 32 (2008), Heft 2/3, S. 131–153 (TB)

Liste der besuchten Friedhöfe

Aalen (Waldfriedhof), **Altenstadt** (Hauptfriedhof, Alter Friedhof Oberau, Neuer Friedhof Oberau), **Aschaffenburg** (Waldfriedhof), **Babenhausen** (Hauptfriedhof, Harpertshausen, Hergershausen, Langstadt, Sickenhofen), **Bad Homburg** (Hauptfriedhof, Ober-Erlenbach), **Bad König** (Hauptfriedhof), **Bad Nauheim** (Kernstadtfriedhof), **Bad Soden am Taunus** (Hauptfriedhof, Altenhain, Neuenhain), **Bad Soden-Salmünster** (Bad Soden, Romsthal, Salmünster), **Bad Sooden-Allendorf** (Hauptfriedhof), **Bad Vilbel** (Hauptfriedhof), **Beerfelden** (Hauptfriedhof), **Bensheim** (Friedhof Mitte, Waldfriedhof), **Bergisch-Gladbach** (Gärten der Bestattung, Herkenrath, Katholischer Friedhof St. Josef, Moitzfeld, Refrath, St. Marien-Friedhof Gronau), **Berlin** (Domfriedhof St. Hedwig, Dorotheenstädtischer Friedhof I und II, Dreifaltigkeitskirchhof Kreuzberg, Französischer Friedhof Mitte, Friedhof Britz-Buschkrugallee, Friedhof der Jerusalems und neuen Kirche, Friedhof Eisackstraße, Friedhof Lilienthalstraße, Friedhof Steglitz, Friedhof Stralau, Friedhof Wilmersdorf, Georgen-Parochialkirchhof, Heidefriedhof Mariendorf, Künstlerfriedhof Friedenau, Luisenstadtkirchhof, Magdalenenkirchhof Neukölln, Oberpfarr- und Domkirchhof, Sophien-Kirchhof Mitte, St. Annen-Kirchhof Dahlem, St. Jacobi-Kirchhof Neukölln, St. Lukas & St. Simeon-Kirchhof, St. Matthäus-Kirchhof Schöneberg, St. Philippus-Apostel-Kirchhof, St. Thomas-Kirchhof, Städtischer Friedhof Reinickendorf, Tierfriedhof Kiekebusch, Urnenfriedhof Wedding, Waldfriedhof Heerstraße, Waldfriedhof Zehlendorf, Werderscher Friedhof, Zentralfriedhof Friedrichsfelde, Zwölf-Apostel-Kirchhof Schöneberg), **Bielefeld** (Evangelischer Friedhof Brackwede, Nicolaifriedhof, Sennefriedhof, Siekerfriedhof), **Bischofsheim**, **Bochum** (Hauptfriedhof, Kommunalfriedhof Leithe, Wattenscheid), **Bonn** (Nordfriedhof), **Bopfingen** (Hauptfriedhof), **Brensbach** (Hauptfriedhof), **Breuberg** (Wald-Amorbach), **Bruchköbel** (Hauptfriedhof), **Buchen** (Hainstadt), **Büdingen** (Hauptfriedhof), **Bürstadt**, **Buseck** (Alten-Buseck), **Butzbach** (Griedel, Hauptfriedhof, Nieder-Weisel, Ostheim), **Buxtehude** (Waldfriedhof), **Castrop-Rauxel** (Habinghorst), **Cölbe** (Hauptfriedhof, Bürgeln), **Crailsheim** (Hauptfriedhof), **Darmstadt** (Alter Friedhof, Eberstadt, Waldfriedhof), **Deggendorf** (Städtischer Friedhof), **Deidesheim**, **Dieburg**, **Dietzenbach** (Hauptfriedhof), **Dillenburg** (Hauptfriedhof), **Dipperz** (Hauptfriedhof), **Dorfprozelten**, **Dortmund** (Hauptfriedhof, Bodelschwingh, Nordfriedhof, Südfriedhof), **Dossenheim** (Alter Friedhof, Neuer Friedhof), **Dreieich** (Buchschlag, Götzenhain, Offenthal, Sprendlingen), **Dresden** (Annenfriedhof, Eliasfriedhof, St. Pauli-Friedhof, Trinitatisfriedhof), **Duisburg** (Friedhof Sternbuschweg), **Düsseldorf** (Nordfriedhof), **Ebsdorfergrund** (Beltershausen, Dreihausen, Heskem, Leidenhofen, Roßberg), **Ellwangen** (Hauptfriedhof, Pfahlheim), **Elsenfeld** (Hauptfriedhof), **Engelskirchen** (Steeg), **Eppertshausen**, **Eppstein** (Ehlhalten, Niederjosbach), **Erbach/Odenwald** (Hauptfriedhof, Lauerbach), **Erfurt** (Hauptfriedhof), **Erlangen** (Zentralfriedhof), **Erlenbach am Main** (Stadtfriedhof, Waldfriedhof), **Eschborn** (Hauptfriedhof), **Essen** (Bredeney, Südwestfriedhof), **Esternberg** (Hauptfriedhof), **Feuchtwangen** (Hauptfriedhof), **Flörsheim** (Neuer Friedhof), **Florstadt** (Ober-Florstadt, Staden), **Frankfurt am Main** (Hauptfriedhof, Bergen, Berkersheim, Bockenheim, Bonames, Bornheim, Eckenheim, Enkheim, Eschersheim, Fechenheim, Goldstein, Griesheim, Harheim, Hausen, Heddernheim, Heiligenstock, Höchst, Kalbach, Friedhof Kurmainzer Straße, Nied, Alter Friedhof Nieder-Erlenbach, Neuer Friedhof Nieder-Erlenbach, Nieder-Eschbach, Niederrad, Niederursel, Alter Friedhof Oberrad, Waldfriedhof Oberrad, Praunheim, Preungesheim, Rödelheim, Sindlingen, Sossenheim, Südfriedhof Sachsenhausen, Tierfriedhof, Westhausen, Zeilsheim), **Fränkisch-Crumbach**, **Freiburg im Breisgau** (Hauptfriedhof, Alter Friedhof), **Freudenberg** (Büschergrund), **Friedberg** (Hauptfriedhof, Dorheim, Fauerbach, Ossenheim), **Friedrichsdorf** (Burgholzhausen), **Fulda** (Zentralfriedhof, Gläserzell), **Fürstenzell** (Hauptfriedhof), **Fürth** (Hauptfriedhof), **Gaildorf** (Hauptfriedhof), **Garbsen** (Berenbostel, Planetenring), **Garding** (Alter Friedhof), **Gelnhausen** (Hauptfriedhof), **Gelsenkirchen** (Hauptfriedhof, Beckhausen-Sutum, Schalke), **Georgenhausen** (Alter Friedhof, Neuer Friedhof), **Gernsheim** (Hauptfriedhof), **Gießen** (Neuer Friedhof), **Ginsheim-Gustavsburg** (Gustavsburg), **Griesheim**, **Groß-Bieberau** (Hauptfriedhof), **Groß-Gerau** (Hauptfriedhof), **Großkrotzenburg**, **Großostheim** (Hauptfriedhof, Wenigumstadt), **Groß-Umstadt** (Dorndiel, Heubach, Kleestadt, Klein-Umstadt, Raibach, Richen, Semd, Stadtfriedhof, Waldfriedhof, Wiebelsbach), **Großwallstadt**, **Groß-Zimmern** (Hauptfriedhof, Klein-Zimmern), **Hagen** (Loxbaum), **Hainburg** (Hainstadt), **Hamburg** (Hauptfriedhof Ohlsdorf, Altona), **Hammersbach** (Alter Friedhof Marköbel, Neuer Friedhof Marköbel), **Hanau** (Hauptfriedhof, Klein-Auheim, Mittelbuchen, Steinheim-Nord, Steinheim-Süd), **Hannover** (Bothfeld, Lahe, Neustädter Friedhof, Nicolaifriedhof, Seelhorst, Stöcken), **Hasselroth** (Niedermittlau), **Hattersheim** (Hauptfriedhof, Eddersheim), **Heidelberg** (Bergfriedhof, Rohrbach, Ziegelhausen), **Heilbronn** (Hauptfriedhof), **Heppenheim** (Friedhof Mitte, Kirchlicher Friedhof St. Peter), **Herne** (Hauptfriedhof), **Heuchelheim** (Hauptfriedhof), **Heusenstamm** (Hauptfriedhof), **Hochspeyer** (Hauptfriedhof), **Höchst im Odenwald** (Hauptfriedhof), **Hockenheim** (Waldfriedhof), **Hofheim** (Langenhain, Lorsbach, Waldfriedhof, Wallau), **Hösbach** (St. Agatha Schmerlenbach), **Idstein** (Hauptfriedhof), **Kaiserslautern** (Hauptfriedhof, Alter Friedhof Dansenberg, Neuer Friedhof Dansenberg, Erlenbach, Hohenecken, Queidersbach, Schopp), **Karben** (Kloppenheim, Petterweil), **Karlsruhe** (Hauptfriedhof), **Karlstein** (Dettingen), **Kassel** (Hauptfriedhof), **Katzenelnbogen** (Schönborn), **Kelkheim** (Hauptfriedhof), **Kelsterbach**, **Kirchhain** (Hauptfriedhof, Anzefahr, Großseelheim, Himmelsberg, Kleinseelheim, Niederwald, Sindersfeld), **Kleinostheim**, **Klingenberg** (Hauptfriedhof), **Koblenz** (Hauptfriedhof), **Köln** (Dellbrück, Melaten-Friedhof, Mülheim, Nordfriedhof, Ostfriedhof, Südfriedhof, Westfriedhof), **Königstein** (Hauptfriedhof), **Kötzenbüll**, **Kreuzwertheim** (Hauptfriedhof), **Kriftel**, **Kronberg** (Hauptfriedhof), **Künzell** (Wissels), **Kusel** (Friedelhausen), **Lampertheim** (Rosengarten), **Landstuhl** (Hauptfriedhof, Kindsbach), **Langen** (Hauptfriedhof), **Leipzig** (Ostfriedhof, Südfriedhof), **Leverkusen** (Birkenberg, Reuschenberg), **Limburg** (Hauptfriedhof), **Lindenfels** (Winterkasten), **Linsengericht** (Großenhausen), **Linz/Österreich** (St. Barbara-Friedhof, Friedhof Urfahr), **Lorsch**, **Ludwigshafen** (Hauptfriedhof), **Lunden** (Geschlechterfriedhof), **Lüneburg** (Zentralfriedhof), **Mainhausen** (Mainflingen), **Maintal** (Neuer Friedhof), **Mainz** (Hauptfriedhof, Bezirksfriedhof West, Kostheim), **Mannheim** (Hauptfriedhof), **Marburg** (Hauptfriedhof Rotenberg, Alter Friedhof, Bauerbach, Alter Friedhof Cappel, Neuer Friedhof Cappel, Dagobertshausen, Elnhausen, Alter Friedhof Gisselberg, Neuer Friedhof Gisselberg, Jüdischer Friedhof, Marbach, Moischt, Schröck, Tierfriedhof, Wehrda, Wehrshausen), **Maxdorf** (Fußgönheim), **Merseburg** (Zentralfriedhof), **Messel**, **Michelstadt** (Hauptfriedhof, Friedwald Odenwald, Weiten-Gesäß), **Mömlingen**, **Montabaur** (Städtischer Friedhof), **Mühltal** (Naturfriedhof Traisa, Nieder-Beerbach), **Mülheim an der Ruhr** (Hauptfriedhof), **München** (Neuer Südfriedhof, Perlach, Perlacher Forst), **Münster bei Dieburg** (Hauptfriedhof, Altheim), **Neuburg am Inn** (Neukirchen), **Neu-Isenburg** (Hauptfriedhof), **Nidda** (Hauptfriedhof), **Nidderau** (Ostheim), **Niedernberg**, **Niedernhausen** (Hauptfriedhof, Oberjosbach), **Nohra** (Ulla), **Nürnberg** (Westfriedhof), **Oberhausen** (Tierfriedhof, Westfriedhof), **Ober-Ramstadt** (Hauptfriedhof), **Obertshausen** (Hausen, Friedhof im Birkengrund), **Oberursel** (Hauptfriedhof), **Offenbach** (Alter Friedhof, Neuer Friedhof), **Olpe** (Kommunalfriedhof, Rehringhausen), **Otterbach** (Neuer Friedhof), **Otterberg** (Hauptfriedhof), **Otzberg** (Habitzheim, Hering, Lengfeld, Nieder-Klingen, Ober-Klingen), **Overath** (Heiligenhaus), **Passau** (Grubweg, Hacklstein, Haidenhof, Heining, Innstadtfriedhof, Schalding, Severinsfriedhof), **Pfungstadt** (Hauptfriedhof), **Pocking** (Hauptfriedhof), **Poppenhausen** (Hauptfriedhof), **Potsdam** (Neuer Friedhof), **Ratingen** (Lintorf), **Rauschenberg** (Hauptfriedhof), **Regensburg** (Evangelischer Zentralfriedhof), **Reichelsheim** (Hauptfriedhof), **Reinheim** (Hauptfriedhof, Ueberau), **Reutte** (Nesselwängle), **Rockenberg** (Hauptfriedhof), **Rödermark** (Ober-Roden), **Rodgau** (Dudenhofen, Hainhausen, Jügesheim, Nieder-Roden, Urberach, Weiskirchen), **Rommelhausen** (Limeshain), **Ronneburg** (Altwiedermus), **Rosbach vor der Höhe** (Ober-Rosbach, Rodheim), **Rosengarten** (Rieden), **Rösrath** (Hoffnungsthal), **Roßdorf** (Gundernhausen, Hauptfriedhof), **Rüsselsheim** (Waldfriedhof), **Saarbrücken** (Hauptfriedhof, Alt-Saarbrücken, Tierfriedhof), **Salzweg** (Hauptfriedhof, Frankldorf), **Sandhausen**, **St. Peter-Ording** (Friedhof St. Nikolai), **Schaafheim** (Hauptfriedhof, Mosbach, Radheim, Schlierbach), **Schärding**, **Schlüchtern** (Hauptfriedhof), **Schriesheim** (Ursenbach), **Schwalbach**, **Schwetzingen** (Hauptfriedhof), **Seligenstadt** (Hauptfriedhof), **Siegburg** (Nordfriedhof), **Siegen** (Lindenberg-Friedhof), **Sinn** (Hauptfriedhof), **Staufenberg** (Hauptfriedhof, Daubringen), **Steinau** (Hauptfriedhof), **Stockstadt am Main**, **Stuttgart** (Hauptfriedhof, Pragfriedhof), **Sulzbach**, **Trier** (Hauptfriedhof), **Trippstadt** (Hauptfriedhof), **Wächtersbach** (Neuer Friedhof), **Waldfischbach-Burgalben** (Hauptfriedhof, Schmalenberg), **Weilbach** (Alter Friedhof, Neuer Friedhof), **Weilerbach** (Hauptfriedhof, Erzenhausen, Pörrbach, Schwedelbach), **Weimar** (Hauptfriedhof, Historischer Friedhof), **Weimar an der Lahn** (Neuer Friedhof Niederwalgern, Niederweimar, Wenkbach), **Weinheim** (Hauptfriedhof), **Weiterstadt** (Hauptfriedhof), **Wettenberg** (Krofdorf-Gleiberg, Wißmar), **Wien** (Zentralfriedhof), **Wiesbaden** (Biebrich, Bierstadt, Erbenheim, Igstadt, Kloppenheim, Medenbach, Nordenstadt, Rambach, Südfriedhof), **Wiesloch** (Hauptfriedhof), **Wolfstein** (Jettenbach), **Worms** (Hauptfriedhof), **Würzburg** (Hauptfriedhof), **Zwingenberg** (Hauptfriedhof).

»Und am Anfang war er so beliebt.«

Christian Sprang/Matthias Nöllke.
Aus die Maus. Ungewöhnliche
Todesanzeigen. Taschenbuch.
Verfügbar auch als eBook

Christian Sprang/Matthias Nöllke.
Wir sind unfassbar. Neue ungewöhnliche Todesanzeigen. Taschenbuch. Verfügbar auch als eBook

Christian Sprang/Matthias Nöllke.
Ich mach mich vom Acker.
Allerneueste ungewöhnliche
Todesanzeigen. Taschenbuch.
Verfügbar auch als eBook

Wer Todesanzeigen genau liest, findet große Gefühle, Rätselhaftes, Skurriles – und sehr viel Komik. Diese Bücher stellen die interessantesten Fundstücke vor. Sie zeichnen ein ungewöhnliches Bild vom Leben und Sterben in diesem Land, das zu tröstender Erkenntnis und befreiendem Lachen führt. Schließlich gilt, wie es in einer Anzeige heißt: »Wer nicht stirbt, hat nie gelebt.«

Leseproben und mehr unter www.kiwi-verlag.de

Zum Lesen, Lachen und Nachschlagen

Bastian Sick. Der Dativ ist ... Folge 1. Taschenbuch.

Bastian Sick. Der Dativ ist ... Folge 2. Taschenbuch.

Bastian Sick. Der Dativ ist ... Folge 3. Taschenbuch.

Bastian Sick. Der Dativ ist ... Folge 4. Taschenbuch.

Bastian Sick. Der Dativ ist ... Folge 5. Taschenbuch.

Witzig und unterhaltsam – Bastian Sicks Sprachkolumne begeisterte bereits Millionen Leser und zeigt immer wieder: Man lernt nie aus!

Leseproben und mehr unter www.kiwi-verlag.de

Auf die Plätze, fertig, Spaß!

Bastian Sick. Happy Aua.
Taschenbuch

Bastian Sick. Happy Aua 2.
Taschenbuch

Bastian Sick. Hier ist Spaß gratiniert.
Ein Happy-Aua-Buch. Taschenbuch

Bastian Sick. Wir braten Sie gern!
Ein Happy-Aua-Buch. Taschenbuch

Missverständliche und unfreiwillig komische Speisekarten, Hinweisschilder, Werbeprospekte u.ä. – die bizarrsten Deutschlesebücher der Welt, zusammengetragen und kommentiert von Bastian Sick.

Leseproben und mehr unter www.kiwi-verlag.de

Thomas Hillenbrand. Schräge Schilder. Taschenbuch

Geplant war das nicht: Eigentlich wollte Spiegel online nur ein paar skurrile Verkehrsschilder vorstellen, doch die Veröffentlichung löste eine Lawine aus. Zu Hunderten schickten Leser eigene Schnappschüsse ein. Mittlerweile ist die Kolumne »Schräge Schilder« nach Bastian Sicks »Zwiebelfischchen« die beliebteste Bildkolumne des Online-Portals. Die lustigsten und skurrilsten Schilder hat Thomas Hillenbrand in diesem Buch zusammengestellt und kommentiert.

Leseproben und mehr unter www.kiwi-verlag.de

Martin Blath/Elke Herbst. Wohnst du schon oder lachst du noch? Die witzigsten Immobilienanzeigen. Taschenbuch. Verfügbar auch als eBook

Als Elke Herbst und Martin Blath vor einiger Zeit auf Wohnungssuche waren, studierten sie Unmengen von Immobilienanzeigen – und stießen dabei auf Perlen der Poesie. Rätselhaftes, Erfrischendes und vor allem Witziges: Im Formulieren von Wohnungsannoncen toben sich Makler und Vermieter oft so richtig aus. Dieses Buch stellt die lustigsten Anzeigen vor. Zum Staunen und Lachen.

Leseproben und mehr unter www.kiwi-verlag.de